JN289391

リタイア

盲導犬の老いを見つめて

郡司ななえ
Nanae Gunji

ハート出版

◆もくじ◆

1章　夕暮れの街で

老いゆく盲導犬と暮らすということ

初夏の夕暮れの街です。

私は盲導犬のペリラと駅前の横断歩道に向かって歩いていました。

駅の改札口で友人と会うことになっていて、すでにその約束の時間がせまっています。

駅前の大きな横断歩道の周《まわ》りには、信号が変わるのを待っているのでしょうか、たくさんの人、人、人のようでした。

夕闇《ゆうやみ》のかかってゆく街は、ぼんやりしていてどこか頼りなく、それでいながらどこかしみじみとした幸せ色に包まれているように、目の見えない私には思えます。

行き交《か》う声もはずんでいるその信号待ちの喧騒《けんそう》の中に、私はペリラと立ち止まりました。

しかし私の心だけが異分子のように、この場になじんでいないことを感じました。


数日前のことです。

突然、私の身辺で大きなトラブルが勃発《ぼっぱつ》しました。

原因は、私の最もニガテな〝人間関係〟です。

何が何やらわからないままにその渦中《かちゅう》に引きずりこまれて、そして何が何やらわからないままにそのトラブルの中心人物に祭り上げられてしまったのです。

どんなに考えこんでも問題は解決しないということがわかっていながら、私は悩《なや》みに悩み、眠れない夜を過ごしていました。

心の中に砂が吹き荒れているような殺伐《さつばつ》とした気持ちの中で、慢性的な寝不足のために頭がボーッとしています。

今日も、そのトラブル解決の糸口を見つけたいと考えて、友人に会うことになっていました。

心に渦巻《うずま》いているあらゆる感情を吐き出すことで、何とか自分の心に安らぎがもどってきてくれればと、かすかな期待を抱《いだ》くのですが……。

しかし、どうにもならないだろうなーという悲観的な思いも、心の中にはありました。

信号待ちで立ち止まった私は、鬱々《うつうつ》とした自分の気分をなだめるかのように、ハーネスをつけているペリラの背中を左手の指先でそーっとなでます。

行き交う車の流れを目で追っていたペリラが、（お母さん、どうしたの？）というように、私を見上げました。

「お母さんとペリちゃんなんて、こんなに単純で簡単なのにねー」

私はペリラに話しかけながら、自分の目頭《めがしら》に熱い感情があふれてきそうになるのを感じました。

「どうして人間ってさ、なんでも複雑で難《むずか》しくしてしまうんだろうか……」

私の話をペリラは小首をかしげながら、心配そうな面《おも》持ちで聞いています。

その時です、すぐ近くで大きな声がはじけました。

その音に追随《ついずい》するかのように、私の頭の指令回路が動きを開始しました。

「シンゴーガカワッタ。マエヘススメ」と。

信号が青に変わったと思い込んだ私は、何のためらいもなくペリラと横断歩道を歩き始めます。

後ろで何か声がしているようでしたが、人波が動き始めたものとばかり思っていたので、まったく気にしませんでした。

「あぶなーい！　おばさーん、あぶないよー」

遠くでそんな声をかすかに聞いたような気もしましたが、それが自分に向けられていたものだとは、少しも考えませんでした。

私とペリラは、どんどん横断歩道を前に向かって歩いてゆきます。

目の前を横ぎる車は、右折してくる車だとばかり思いこんでいました。

「おばさーん、そこで止まって！　止まってよー」

その声が自分の心に引っかかった時、私はハッとしました。

頭の指示回路にまたスイッチがパッチンと入ったような気持ちです。

ああ、私はペリラと赤信号を飛び出してしまったのだ！

あの遠くで聞こえていた声は……私とペリラへのものだったのだわ。

自分が直面している現実に、やっと気がついたのです。

足元の地面が少し盛り上がっていて、そこが道路の真ん中、中央分離帯であること、だから若者が「そこで止まって！　おばさん動かないでいてよ」と後ろから叫んでいるのだと納得しました。

「ああ、危なかったわ！」という気持ちで私はペリラと、その中央分離帯の上で足を止めました。

しかし立ち止まったのは、ほんの一瞬のことです。

どうしたのでしょうか、私はまたペリラのハーネスのハンドルを握ると、歩き始めたのです。

それはまったく何かに操《あやつ》られているかのように、自分の意識とは関係のない不可解《ふかかい》な動きでした。

ピューンと目の前を風が吹きぬけたのと、後ろからグイッと強い力で押さえつけられたのが同時でした。

「あぶなーい。ダメダメ！」

若者ふたりが私を、そしてペリラを、後ろから押さえていました。

頭に衝撃《しょうげき》が走り、ハッと意識がもう一度もどってきたような気持ちです。

前を吹き抜けて行った風は、今しも変わろうとしている信号ギリギリで走り抜けて行った一台の車のものだったのです。


喫茶店の片隅《かたすみ》でした。

「意識をなくしていたわけでもないのに、不思議《ふしぎ》だわ……」

友人と向かい合ってテーブルについた私は、低い声でうなるようにつぶやきました。

「自分が横断歩道を赤信号で飛び出したことも、それでも中央分離帯までたどり着いたこともわかっていたのに……。あの時、どうしてまた飛び出してしまったのかしら……」

しばらくの沈黙の後、友人の優《やさ》しい声が言いました。

「疲れているのよ。そんなふうに自分を追い詰めてはダメ」

私の足元には、ペリラがやはりしょんぼりとダウン（伏《ふ》せ）しています。

優しい声はそのペリラにも向けられました。

「ペリちゃん、今日はどうしてお母さんを止められなかったの？　『行っちゃあダメ』って、いつもちゃーんと教えてあげるでしょう？」

私は冷《さ》めかかったコーヒーを口に運びながら、またぼんやりとした頭で考えこんでしまいました。

そうなんです。

赤信号だということがわかっていながら飛び出した自分の行動も不可解でしたが、その私と一緒に車の行き交う中を飛び出してしまったペリラの、盲導犬としての気持ちも不可解でした。

目の見えない私の動きを止められずに、車が走り抜ける赤信号の中を道路を横ぎるなどということは、盲導犬としてはかなりの問題行動です。

いつもは臆病《おくびょう》すぎるほど慎重《しんちょう》に行動するペリラでした。

私が意識を飛ばしてしまったように、ペリラの意識もまたどこかへ飛んでしまっていたのでしょうか。

口の中のコーヒーの苦《にが》い液体を飲み干《ほ》しながら、私はここ数日のペリラの様子を思い出していました――。

暇《ひま》さえあればテーブルに頰《ほお》づえをついて、物思いに沈んでしまっている私の傍《かたわ》らに、ペリラはいつでもいました。

そして、考え込んでいる私を心配そうに見つめていてくれるのです。

フッと気がつくと、体のどこかにペリラの暖かな体温を感じることができました。

両方の手で顔を覆《おお》って涙する私を覗《のぞ》きこんでいるペリラがいました。

カサコソと頰にペリラの固いひげが当たって、(お母さん、泣いちゃダメよ) と言うように、涙を舐《な》めてくれているのです。

そして時には耳に口を近づけて、何かをささやいてくれるペリラもいました。

まるで、(お母さん、だいじょうぶ?) とでも言うかのようにです。

カップを傾《かたむ》けて、もうすっかり冷えきってしまったコーヒーを飲み干します。

その冷たい液体が食道から胃袋へと落ちていく感触を感じながら私は思います。

きっとペリちゃんも、お母さんとおんなじ気持ちだったのね……。

「ほんの一瞬だったけれど、どこかにフワーンと意識が飛んでいってしまったのよね」

私は足元にダウンしているペリラの背中を指先でなでながら言います。

その指先に冷たいペリラの鼻が触《ふ》れて、つぶらな瞳《ひとみ》が私を見上げていました。


そんなことがあった数日後です。

「母さん、ペリがちょっとおかしいよ」

朝、ふとんから出てきた息子の幹太《みきた》が、台所にいる私に声をかけました。

「おかしいって何が？」

朝ごはんの支度《したく》に追われて忙《いそが》しく手を動かしながら、気ぜわしく応ずる私です。

「なんだか、腰がいつもより上がっていないみたいだけれど……」

「そうかなー。朝ワンツーに外へ出たけれど、特別変わったことなんて、なーんにもなかったけど……」

今日の朝も、私がふとんから出て身支度を整《ととの》えてから台所に入ると、ペリラもすぐにハウス（決められた居場所）から出てきました。

そのトコトコトコと台所の床《ゆか》を私に近づいてくる足音は、毎朝耳にするなじみのものでした。

そしてこの足音で、目の見えないお母さんの私は、ペリラの健康状態を、そしてごきげんを察《さっ》するのです。

いつものように今日の朝もミルク水（牛乳を水で薄《うす》めたもの）を作ってあげると、待っていましたとばかりに一気にペチャペチャペチャペチャとおいしそうな音をたてて、それを飲み干しました。

さあそれからペリラのワンツータイムです。

ふたりでアパートの階段を下りていき、スズメの鳴き声を聞きながら朝のワン（おしっこ）を出しました。

それから引き綱を持つ私の周りをグルグルと回って、ツー（うんち）を出したのも、まったくいつもの通りでした。

しかしペリラの背中を手でなでながら、幹太はなおも言います。

「違うよ。ペリの腰はもっとちゃーんと上がっているさ。こんなに下がってはいないよ」

どれ、そうかなーと濡《ぬ》れた手をタオルで拭《ふ》いて、私もペリラの背中をなでてみます。

たしかに背中はいつもよりちょっと丸みを増して、幹太の言うようにお尻がいつもよりちょっと下がっているように思えます。

まもなく一〇歳になろうとしているペリラですから、犬年齢ではもうそろそろ〝おばあさん〟なのです。

かつての、腰がくびれて足腰の贅肉《ぜいにく》もなく手で触れると跳《は》ね返ってくるような、みなぎる肉体の若さはもうそこにはありません。

背中が丸くなって、腰の位置が下がってしまって……。これは重ねた年齢から来るものですから、仕方がないのです。

私たちふたりに背中を触《さわ》られて、手足をなでられて、不安そうにペリラは振り返って見ています。

「だいじょうぶ、だいじょうぶだよね」

そう言いながら、私はそのかわいらしい頭をポンポンと優しくたたいてあげました。

しかし、決してペリラが大丈夫ではなかったことを、私はまもなく知ることになりました。

その日は私の病院の予約が入っていましたので、ペリラと出かけていきました。

ところがです。

病院の待合室で診察の順番を待っている私の傍らのベンチに腰をかけていた人が、小声でそーっと教えてくれました。

「奥さん、犬の様子がおかしいよ」

「えー、どこが……」

びっくりする私に、なおも声を潜《ひそ》めて「おしっこのおもらしをしているよ」と。

「え！　そんな……」

私はあわてて、左側にダウンしたままのペリラのお尻に手をやります。

たしかに、着せている服のお尻の部分が濡れています。

それ以上にあわてさせたのは、そのペリラがダウンしている床の周りまでも濡らしてしまっていることでした。

もちろんバスから降りてから病院へ入る前に、いつものようにワンツータイムをとりました。

そしてペリラは、ちゃーんとワン（おしっこ）をすませているのです。

こんな短時間に次のワンを出すことは考えられないことです。

そしてダウンしたままでおもらしをして、そのままダウンし続けていることも普通の状態ではないと思いました。

カバンから取り出したタオルで濡れた床を拭きながら、この状態をどう説明したらいいのだろうかと考えました。

盲導犬が病院の待合室でおしっこをおもらししてしまう――それはやはり問題になると思えたからです。

かけつけて来た看護婦さんに「すみません。ごめんなさい」と謝《あやま》りました。

消毒剤のしみこんだモップで床を忙しく拭きながら看護婦さんが、「いいのよ。ここは病院。体調の悪い人が来る所だもの」と言ってくれたのです。

その上、「ワンちゃんだって、体の調子が悪い日もあるよね」と微笑《ほほえ》みながら声をかけてくれました。

「そうだそうだ。犬だって生きているんだからなー」

「仕方がない時だってあるさ」

ベンチに腰をかけている周りの人たちも口々に、しょんぼりしているペリラをなぐさめてくれています。

私は初めて体験したペリラの不始末《ふしまつ》にショックを受けながらも、ホッと救われた気持ちがしました。

ペリラも内心ホッとしたのでしょうか、しっぽをパタパタと小さく振っていました。

会計をすませて、薬を出してもらうと、私とペリラはタクシーに乗って獣医の先生のところへゆきました。

そこは、いつもペリラを診察してもらっている動物病院です。

いきさつを話して検査をしてもらった結果、意外なことにペリラは膀胱炎《ぼうこうえん》を起こしていることがわかりました。

「そんなに簡単に、何の予兆《よちょう》もなく、膀胱炎などの病状があらわれるものなのでしょうか?」

私は抱いた疑問を率直《そっちょく》に先生にたずねました。

「一〇歳のペリラちゃんは、すでにおばあさん年齢です。膀胱の括約筋《かつやくきん》がゆるみかけているために、症状が強く出てしまったのでしょう。これから、もっといろいろなことが出てきますね」

獣医の先生の説明を聞きながら、こんなところにも老いの表情は出てくるものなのだわと、改めてペリラの年齢を再確認させられました。

そして老いてゆくことへの限りのない不安は、人間だって犬だって、生きているものの受け止めなければならないことなんだとも。

薬を出してもらって、そのまま私たちはタクシーでわが家《や》に帰ることにしました。

座席に腰をかけて車の振動に身をまかせていると、足元にダウンしているペリラが私を見上げていることに気がつきました。

冷たい鼻が私の手に押し付けられて、(お母さん、ごめんなさい)と言っているようです。

「ペリちゃん、だいじょうぶよ。どんなに大変なことがあったって、いつでもお母さんが一緒だからね」

頭をなでてあげながら、ペリラと過ごしてきた日々を何とはなく思い出しました。

全盲夫婦の私たちが、お母さんになりたい、お父さんになりたいという願いで一緒に暮らし始めた私の最初の盲導犬ベルナが一四歳の命を閉じたのは、平成六年三月、息子の幹太が小学五年生のことでした。

そしてその三カ月後、夫の幸治さんが肺ガンで亡《な》くなりました。

幹太との生活を立て直すために再起を期してパートナーを組んだ二頭目の盲導犬ガーランドは、一年二カ月のあいだ一緒に暮らしただけで急性白血病になってしまい、中学一年生の幹太とふたりで看病をしたのですが、平成七年九月、私の胸に抱かれて天国へと旅立ってしまいました。

どうしたことでしょうか、たった一年半のあいだに三回もの悲しいお葬式を出さなければならないわが家だったのです。

そして平成七年一一月、またも再起を期して私は盲導犬の訓練所へ出かけていき、そこでこの三頭目の盲導犬ペリラと出会ったのです。

二〇キログラムもない小さな体のラブラドールレトリバーの女の子が、出会いの瞬間に、(おかあさーん!)と呼びかけているかのような、つぶらな瞳で私を見つめてくれました。

「あなたがペリちゃんなの？　お母さんと仲良くしようね」

そう言いながら、胸にすっぽりと入るようなその小さな体を抱きしめてあげました。

そして、ついその二カ月前、わが家のベランダに秋風が初めて吹いた日に苦しみながら三歳二カ月の若い命を閉じたガーランドのことが思い出されて、もうあんな悲しいことはたくさんだわと胸いっぱいの気持ちでこう思いました。

「ペリちゃん、ちょっとくらいは、おバカでもいいからさ。そのかわり、いつでもずーっとお母さんと一緒だよ」

やんちゃでかわいい盛りに死んでしまったガーランドの分まで生きてねと思うと、まぶたに熱いものがこみ上げてきます。

「ペリちゃんはいつでも、そしていつまでも、お母さんの子どもだからね」

そう言いながら、頭を、背中を、そして手や足をなでてあげました。

頬を涙で濡らしている私の顔を不思議そうにペリラは見上げていましたが、やがてその頬にゴワゴワした感触を感じて、私は「あらまあ」と思いました。

ペリラがその私の涙を舐めてくれているのです。

「ああ、そうなのね。ペリちゃんはお母さんと同じ気持ちなんだね。ありがとう」


ペリラと暮らし始めてすでに八年という年月が流れてゆきました。

「あんなにかわいらしかったのに、ペリちゃんももうすぐ一〇歳だものね。早いねー」

夕食のテーブルで言う私に、幹太が口をモグモグさせながら言葉を引き受けます。

「もうすっかりペリは母さんの体の一部分みたいだよ。だってさ、母さんこのごろ何か悩んでいたでしょう?　ペリはそんな母さんを心配そうに見つめてばかりいたんだよ」

「そうだよね。ペリちゃんとお母さんは、最初にちゃーんと約束したものね」

足元にダウンしているペリラに優しくうなずきながら私は言いました。

「いつだって、そしていつまでも一緒だからねって」

そう言いながら私は、一瞬、心臓が止まるほどドッキンとしました。

「ああそうだったのか、そうだったんだわ」と思ったのです。

あの横断歩道を赤で飛び出して、あわや車にひかれそうになった日のことです。

あの時、盲導犬のペリラは、一体どんな気持ちで車の行き交う横断歩道を私と一緒に飛び出したんだろうか……。

それが私の心にいつまでも引っかかっている疑問でした。

盲導犬は、指示には絶対に従うという〈服従《ふくじゅう》〉と、危ないと判断した時には指示には従わない〈不服従〉という訓練を受けてきています。

不服従は服従するよりはるかに高度な訓練段階なのだということですが、でも盲導犬には欠かせない大事な能力です。

犬そのものの判断で、(ダメ、行ってはいけない!)と、自分の体を使って目の見えない人間の行動を阻止するのです。

今まで何回かペリラも、右折してくる車をよけるために、あるいはホームでそれ以上行ってはいけないと私に告げるために、前足を踏んばって行く手を止めてくれました。

ああ、もしかしてもしかして……ペリラは……。

私が自殺するとでも思ったのでしょうか。

そしてあれは、「お母さんと、いつでも一緒」という約束を守って、というペリラの意思だったのでしょうか。

私の胸に、たまらなくいとおしさがこみあげてきます。

思わず足元のペリラにかけ寄って、その小さな体をしっかりと抱きしめました。

「ペリちゃん、だいじょうぶ。お母さんはとっても強い人間。絶対に負けないいんだからね」

はらはらと頬を流れた涙がペリラの顔に、頭に落ちてゆきます。

「そうだよ、母さんはすごーく強いんだよ。ボクのことなんか強烈《きょうれつ》にパンチするもん。だからちょっとくらいのこと、平気平気で吹き飛ばしてしまうよ」

幹太もペリラの傍らにやってきて、頭をなでてあげます。

ペリラのゴワゴワひげが私の頬に当たりました。

ペリラが顔を寄せて、流れる涙を舐めてくれているのです。

ああ、私たちは家族なんだ、親子なんだ。

このふたりの子どもに支《ささ》えられて、お母さんの私の生活があるんだ！
そんな思いで、心いっぱいの幸せを私はかみしめました。

2章　パピーウォーカーさんを訪ねて

子犬たちに愛を伝える幸せ

「ペリラは子犬のころ、私たちの家族でした」

この短い一文が、私のホームページ〈郡司ななえとしっぽのある娘たち〉の掲示板に書き込まれたのは、平成一四年の秋のことでした。

それはハンドルネーム〈頌子《しょうこ》〉と名乗る人からのものでした。

盲導犬の訓練所では、それぞれ考え方が少しずつ違っていますが、盲導犬と生活している私たちに、そのパートナーの子犬時代の成育過程を知らせることは原則としてありません。

だから私も、ペリラをわが娘と思い、母子の生活を過ごしてはいるものの、一歳四カ月で出会うまでの彼女の日々をまったく知りません。

生年月日は、訓練が終了した時に手渡される〈盲導犬使用者証〉に記載がありますから、「平成六年八月一七日生まれ」ということはわかっていましたが、でも、どこでどのように生まれた子なのか、そしてどんなパピーウォーカー（飼育奉仕者《しいくほうししゃ》）さんの家族の中で子犬時代を過ごしてきた子なのかを知らないままに、私たちは暮らしていたのです。

それで、この女子大生だという〈頌子〉さんの掲示板への書き込みは、私にとって初めてつながった、三番目の娘ペリラのルーツでした。

びっくりしました。そしてそれと同じくらい、うれしい思いもわいてきました。

「そうなの？　ペリちゃんのお姉さんって、頌子さんってお名前なの？」

すでに八歳になっていたペリラは、（うんうん、そうなのよ。お母さん知らなかったの？）とでも言うように、クリクリまなこで私を見つめています。

三番目の盲導犬ペリラと私が出会ったのは、平成七年一一月のことでした。

その時の私の気持ちは、ベルナ、夫、そしてガーランドと、立て続けに襲《おそ》いかかってきた死という別れに翻弄《ほんろう》されて、すっかり打ちのめされていました。

しかし、息子の幹太はまだ中学一年生。私には、わが子を育てるという母親の務《つと》めが、そして何より、精いっぱい生き抜くという、自分の人生に対する責任があると思いました。

それで、鬱々とした気持ちを奮《ふる》い立たせて、三番目の盲導犬の訓練に出かけたのです。


この時の出会いには、ベルナの時にもガーランドの時にもなかった、特殊なひとときが私とペリラにはありました。

これから訓練を受けようとする人間と犬とが初めて出会う儀式を〈結婚式〉というのですが、私たちはその式の前にふたりだけで秘密のひとときを過ごすという、まれにみる幸運に恵まれたのです。

それはまったく偶然の出来事だったのですが、私が結婚式の会場を覗き見ると、誰もいないはずのその会場に、ポツンと一頭の体の小さな犬がいました。

人の気配《けはい》を敏感《びんかん》に感じたその犬は、クリクリしたかわいらしい目でこちらを見ているようでした。それはまるで、（おかあさーん、わたしよ！）と言っているみたいにです。

「あれー」と思い、そして私の顔一面に微笑《びしょう》が広がります。

「ああ、そうか」と思ったのです。

名前もまだ知らない犬の、そのかわいらしい頭をなでてあげると、引き綱につながれているその犬は、とてもうれしそうに体をすり寄せてきました。

「秘密、秘密。ふたりだけのひ・み・つ、ね」

そう約束して、私たちはまもなく始まる人間と犬との出会いの場、〈結婚式〉までのほんの短い「バイバイ。またね」をしたのです。

ペリラは、少し赤味がかった鼻とクリクリとした瞳の、とても甘《あま》えん坊で、そして素直に自分を表現できる性格の子でした。

二番目の盲導犬のガーランドは、ずいぶん意地っぱりでやんちゃな子でしたから、余計《よけい》にそのペリラの柔軟《じゅうなん》な性質が新鮮に思えたということもあるのでしょうが、私にはその彼女の性格がとても好《この》もしいものに感じられました。

ペリラと一緒に生活していると、いつの間にか私までもが素直な気持ちになってしまう、そんな不思議な力を持っている子でした。

その愛すべき性質に触れるたびに、お母さんの私は思いました。

ペリラはどこで、どんな家族に囲まれて育ってきたんだろうか……と。

「ペリちゃんはどんな赤ちゃん犬だったのかしらね？　そしてどんな子犬だったのかしら？」

頭をなでてたずねてみても、ペリラは何も答えずに、そのつぶらな瞳で見つめて、ただ私の手に戯《たわむ》れ甘えるだけでした。


ところがです。

それはまだペリラと生活し始めたばかりのころでしたが、私は「あれーっ」とそのペリラのルーツにほんの少しだけれど触れたわと思ったことがありました。

ある日気がついたら、私が台所で使っているスリッパの片方がないのです。

ですが、身の周りの物が突然なくなることなど、目の見えない私の生活には日常的にあることです。それで、「そのうちにどこからか、ひょっこり出てくるわ」とタカをくっていたのですが、不思議なことに、数日が過ぎてもどこからも出てきません。

もうすでに長く使っていて惜《お》しくもないスリッパですが、しかし腑《ふ》に落ちない私は、夕食のテーブルでスリッパがなくなったことを幹太に話しました。

しばらくキョロキョロと部屋の中を見渡していた幹太でしたが、やがて「ここにあるよ」と、簡単に見つけ出してくれました。

その古スリッパの片方は、ペリラのハウスに大切そうに置かれていたのだそうです。

「ペリちゃんなの？　いたずらっ子したのは」

そう言う私に、ペリラは大あわてでかけ寄って来て、(ついついね、ほんのついついだからね)とでも言うように甘えます。

それから幹太のところに、恥《は》ずかしそうにしっぽを振り振りかけ寄ってゆくのです。

ペリラのそんな様子を眺《なが》めながら、お母さんの私は「ははーん」と思います。

最初のベルナも、二番目のあのやんちゃだったガーランドも、共に食いしん坊でしたから食べ物にはこだわりを持っていましたが、それ以外の物に執着《しゅうちゃく》するなどということはありませんでした。

だから、私の身の周りで使っている物が、ある日突然なくなるなどということもなかったですし、今回のように宝物をハウスにしまっておくなどという性癖《せいへき》もありませんでした。

もちろん、まだ盲導犬になりたての〈若葉マーク〉のころには、ベルナもガーランドも、それなりにいたずらはしました。

しかし、どちらも大人家族の中でパピー時代を育てられた子だったので、その表現方法がペリラとはあきらかに違っていました。

私はベルナに比べて、ガーランドに比べて、とても小さな体のペリラの、そのかわいらしい頭をなでてあげながら、「きっとペリちゃんは幼《おさな》い子どものいるおうちで、みんなと一緒に生活してきたのね」と言いました。

あの時ふくらませた私の想像は、まったくの〝当たり〟だったようです。

ペリラは、茨城県のU市で長いあいだ繁殖《はんしょく》ボランティアをしている、キリスト教の牧師さんである吉田良行さんのところで、平成六年の夏に生まれました。そして、吉田牧師が園長先生をしている幼稚園に通っていた日野美里《みさと》ちゃんとのご縁《えん》で日野さんのご家庭に引き取られ、そこで四人の子どもたちと一緒に育ったというのですから。

一番年上の、今回私のホームページの掲示板に書き込みをしてくださった頌子さんが中学一年生、二番目の有希子《ゆきこ》さんが小学四年生、美里ちゃんが小学二年生、そして一番年下の宏紀《こうき》君はまだ四歳だったということでした。

「わー、ペリちゃんは、お姉さんやお兄さんと仲良しで生活していたのね」

(うんうん、そうなのよ)と、お母さんの私にしっぽを振りながら、無邪気《むじゃき》に応《こた》えてくれるペリラでした。

ホームページの掲示板に書き込まれた女子大生の頌子さんの一文で始まった、ペリラのパピーさん家族とのお付き合いでしたが、しばらくのあいだは電話でお話をさせていただくだけに留《とど》まっていました。


私がペリラのパピー時代のお父さんとお母さんに初めて会うことになったのは、時雨模様《しぐれもよう》の、秋も押し詰まった〈盲導犬ベルナのお話の会〉でのことでした。

京都の大学に勤務中だった日野パパがこちらへ帰省《きせい》するおりに、日野ママが東京まで迎えに出て、ふたりそろって会場を訪れたいという連絡をもらったのです。

この〈お話の会〉というのは、まだ最初の盲導犬ベルナと生活していたころ、彼女の晩年に始めたものです。

そしてベルナが亡くなった後もガーランドに、そしてペリラにと引き継《つ》がれて、会を重ねているものでした。

私が『ベルナのしっぽ』の著者になってからは、ぐーんとその回数を増して、今では執筆活動をするのと同じように、私とペリラの大切なライフワークになっています。

これから九〇分の会が始まろうとしているあわただしい雰囲気《ふんいき》の控え室に、おふたりは颯《さっ》爽《そう》と入ってこられました。

にこやかな日野パパ、そしてとても優しそうな日野ママ、という、私の出会った瞬間に抱いた第一印象はその後もまったく裏切られることはありませんでした。

会を主催されたみなさんのご好意で、この日のお話の会が終わってから、私たちは控え室を使って歓談することができたのですが、時間が経《た》つごとに私の思った通りのお人柄《ひとがら》の良さを実感することができました。

「私たち飼育奉仕者だった者が、盲導犬になったペリラにこのように会っていいものなのか。会いたいなーと思いながらも、とても迷いました」

こう最初に言われた、日野ママこと日野陽子さんは、四人の子どもを育てたお母さんらしく、とてもソフトで優しい気配《きくば》りの人でした。

そして京都の大学で教鞭《きょうべん》を執《と》っているという日野パパこと日野克美さんは、広く子どもたちを包み込む包容力のある、まさに〝お父さん〟という雰囲気の人でした。

「ペリラは私たちのことを覚《おぼ》えていてくれるかしら……」

ソファに腰をかけた日野ママが遠慮《えんりょ》がちにペリラを見つめながら言います。

私は正直なところ、（どうかなー）と、ちょっと不安になりました。

なにしろペリラは私と生活してすでに七年もの年月が経っているのです。どこからどこまで私の盲導犬、そして私の娘になりきっているはずなのですから……。

その私の気持ちを察したかのように、日野パパがキッパリと言いました。

「うん、覚えている。だいじょうぶだ」

（え!?　そうかしら）と、私はびっくり、ますます不安になって、うかがうように日野パパの顔を見ました。

「最初に会った時、こっちを見たペリの目がキラリと光ったからね」

と、自信たっぷりな、とてもにこやかな日野パパでした。

私は、傍らでシット（おすわり）の姿勢でふたりを見つめているペリラの頭をなでながら、心の中で話しかけます。

（そうか、そうか、よかったわ。目をキラッと、ペリちゃんは光らせたのね）

かつての子犬時代のかわいらしかった姿を重ねながら、目の前の盲導犬ペリラを見ているであろうおふたりの心を思うと、知らず知らずのうちに、まぶたに熱いものがこみあげてきそうでした。

その日「さよなら」をする時、私は思いきって「今度ぜひ、お宅へペリラとおじゃまさせていただけないでしょうか?」と、日野さん夫婦にお願いしました。

「どうぞ、ぜひどうぞ。きっと子どもたちも大喜びです」

建物の玄関まで見送ってくださったおふたりは、にこやかにそう言ってくださって、私たちはひとまずの「さよなら」をしました。


私とペリラがU駅の改札口に立ったのは、小雪のチラチラと舞い降る寒い日曜日の昼下がりでした。

しばらく待っていると、道路の向こう側に一台の車が止まったようです。軽快な足音が私とペリラの立つ場所に近づいてきて、「こんにちは」とさわやかな若い女性の声がかけられました。

とたんにペリラが、うれしそうにしっぽを振ります。

「美里です。日野美里」

と、高校生になった美里さんが私たちを迎えに来てくださったのです。

「まあ、こんにちは」と私は手を差し出します。するとその手を、若く力強い美里さんの手が握り返してくださいました。

この美里さんがまだ幼かったころ、彼女はとても恥ずかしがりやさんで、「アットホームで、目と心のゆきとどいた幼稚園を」というご両親の願いから、吉田牧師の教会の幼稚園に通うようになったということです。

盲導犬の繁殖奉仕のボランティアを長くしていた吉田牧師の幼稚園です。生まれたばかりの赤ちゃん犬や、幼い子犬たちが日常的に身近にいる生活というものを知った美里さんは、とても動物大好き、犬大好きな女の子になってゆきました。

その美里さんのたっての願いで日野さん一家は、盲導犬になる子犬を家庭生活の中で育てるパピーウォーカーのボランティアという仕事を知ったのですが、その仕事に心を傾け始めたころ、ちょうどお父さんのイギリス留学が決まってしまいました。

一家は日本を数年にわたって離れることになって、この「パピーウォーカーになる」という願いは中断してしまったのです。

そして、日本に帰国して美里さんが小学二年生になった平成七年一〇月の初め、ついに願いがかなって、生後二カ月にならないペリラが日野家に引き取られてきたのです。

「体重は三〇〇〇グラム弱。まだ予防注射もこれからという時でしたので、『お散歩は必ずだっこで』という注意つきでした」

最初に〈お話の会〉の控え室でお会いした時、日野ママが当時を懐《なつ》かしむようにそう言っておられました。

学校から帰ってきた小学二年生の美里さんが、ソファの上にちょこんといる、ぬいぐるみのようなペリラを見た時、どんなにうれしかっただろうかと思うと、盲導犬となったペリラのお母さんである私の気持ちの中には、「かすかでいいからペリラには、美里さんのことを思い出してほしい……」という願いがありました。

だから、ちぎれるようにしっぽを振りながら、高校生なった美里さんに甘えているペリラの姿は、私にとって、とてもうれしいものでした。

「ペリちゃん、美里お姉さんのこと覚えているの？」

それでもちょっぴりの不安を抱きながらたずねる私に、（うんうん、覚えているわ！）とばかりに、ペリラはその短くてかわいらしいしっぽをうれしそうに振ってくれました。


私たちは日野パパの運転する車に乗せてもらって、まずペリラが生まれた場所、吉田牧師の教会におじゃまさせてもらうことになりました。

すでに日野ママが連絡をしてくださっていたので、吉田牧師も、道子夫人も、私たちを待っていてくださいました。

私は今回お会いして初めて知ったのですが、吉田牧師は私たちと同じ視覚障害者でした。それも私と同じように、成人になってからの中途失明者《ちゅうとしつめいしゃ》だということでした。

たくさんの犬舎の毎日の掃除はもちろん、母親犬の日常的な世話から出産、そして赤ちゃん犬のあらゆる世話まで、視力のない吉田牧師がほとんどその全《すべ》ての面倒《めんどう》を見るのだということです。

私はすごく感動して、その動きに注目してしまいました。伝わってくるその雰囲気にはまったく、視力を持たないことを感じさせないものがありましたし、そして周りの人たちへの気配りも、まるで目の見える人のようでした。

母親犬の世話をして無事《ぶじ》に出産させるという繁殖ボランティアを長年やってこられて、ペリラが生まれた平成六年ごろには、その取り上げた数はすでに四〇〇頭を超えていたということです。

〝継続は力なり〟と、〈お話の会〉を続けてきて常に思っている私ですが、取り上げられた赤ちゃん犬のその数の多さにも感動してしまいました。

「だから一頭ずつの赤ちゃん犬の記憶はほとんどないのです」と苦笑して言われるその声には、ひとつのことを信念を持ってやりとげようとする人の自信が満ちあふれていました。

その牧師の傍らには、道子夫人が記録ノートをひろげて、静かに寄り添《そ》っているのです。

おふたりの姿には、支え合って生きている老夫婦の豊かさがにじみ出ているようでした。夫をすでに亡くしてしまい、未亡人生活をしている私には、おふたりの、心通い合いながらひとつのことを成《な》しえている姿に、微笑ましさとうらやましさを同時に覚えました。

「ペリラの時には一一頭の犬が生まれたのですが、二頭は死産でしたね」

「まあ、すごいですね！　一一頭も一度の出産で生まれてくるのですか……。ペリラのお母さん犬はずいぶん大きな体なのですね」

いよいよペリラのルーツがと息ごんで、いささか興奮気味《こうふんぎみ》な私に比べて、答える吉田牧師の声は実に淡々《たんたん》としていました。

「いいえ、彼女は決して大きな体ではありません。むしろペリラがそうであるように、ラブラドールとしては小さな方でしたが、子育てのとてもうまい母親犬でしたね。それに、時には一度の出産で一三頭ということもあります。そしてその全部が無事に育つということも」

「出産時の赤ちゃん犬って、どれくらいの体重があるのでしょうか?」

「そうですね、三五〇グラムから四〇〇グラムくらいが平均でしょうか。でも時には二五〇グラム程度で生まれても、無事に育つ子もいますよ」

「お母さん犬のおっぱいは一〇個、それ以上の数の赤ちゃん犬が生まれた時にはどうするのでしょう？　おっぱいが足りなくて育たないなんてこともありますか？」

かつて三七歳の妊婦だった私は、三二週で突然破水《はすい》してしまい、救急車で運ばれて緊急入院したという経験がありました。

絶対安静でほぼ三週間、陣痛止めを打って何とかもたせて、三五週で出産したのですが、二六〇〇グラムの赤ちゃんだった幹太は新生児保育器にしばらく入らなければなりませんでした。

割りばしのように細い手足の小さな幹太を育てるのに、眠い目をこすりながら真夜中に授乳したことを懐かしく思い出しながら、私はそうたずねました。

「たしかに、時には人間の配慮《はいりょ》が必要な時もありますが、でも犬はとても子育てのじょうずな動物です。育ちの悪い子がいれば、母親犬は常に身近に置いておきます。そしてお腹《なか》いっぱいになった赤ちゃん犬と、いつの間にか場所を取りかえておっぱいを飲ませていますから」

最近ニュースを賑《にぎ》わせている〝子育てに自信の持てない親たちの子殺し〟を頭のどこかに置いて、私は思いきってたずねてみました。

「たくさんの子どもを出産する犬のお母さんの心って、気持ちの配慮はどの赤ちゃん犬にもまったく同じものなのですか？　それともやはり、なぜか気が合わないという親子関係もあるのでしょうか？」

「いえ、そんなことはほとんどありませんね」

吉田牧師の声はあくまでも静かで、とても穏《おだ》やかで、そしてキッパリとしていました。

「そうですか。犬ってすごい生きものなのですね……」

と深くうなずきながら、私はすっかり感心してしまいました。

たった一人の子どもを育てるのにも悪戦苦闘《あくせんくとう》している人間の母親に比べて、何と犬のお母さんは情が深くて、心が豊かなんだろうと思ったのです。


幹太がまだ赤ちゃんでベビーベッドに眠っているうちは何とかなったのですが、やがてハイハイをするようになると、目の見えない私には子育ての一日一日がとても大変でした。

思いがけないことから思いがけないことへの綱渡り……。アクシデントがいくつも重なると気持ちが落ち込んでしまいます。

時には感情が自分自身でコントロールできないこともあったりして、いらだたしい気持ちが抑えきれない日もありました。

（お母さんどうしたの？）と言うようにベルナに覗き込まれて、冷たい鼻を押し付けられて、ハッとわれに帰る、そんなこともありました。

未熟《みじゅく》な母親だったかつての自分の姿を思い出して、ちょっぴり恥ずかしい思いをかみしめてしまいました。

「赤ちゃん犬の名前は、どういうふうにつけてゆくのですか？」

その私の質問に、吉田牧師は傍らの道子夫人を振り返って「それはこちらの仕事ですから」と言われ、ご自分は口をつぐまれました。

「ペリラは夏に生まれた女の子でしたから、夏の草花から名前をつけました。〈ペリラ《PERILLA》〉とは、学名で〈しそ〉のことです。男の子は生まれた季節の樹木の名前を、そして女の子には、やはり生まれた季節の草花の名前をと、一応そうしています」

道子夫人の説明を聞きながら、私はかつて自分が育った新潟県高田市（現在は上越市）のわが家の裏庭を思い出していました。

夏のギラつく日差しを浴びながら、畑と庭の境界線に目立たないように夏風にそよいでいた〈しそ〉の葉を、そしてさわやかな芳香《ほうこう》を放《はな》っていたその〈しそ〉の実をです。梅干《うめぼし》作りには欠かすことのできない〈赤しそ〉でしたし、よく天ぷらになって夏の食卓に乗った〈青しそ〉でした。

「八月生まれのペリラは〈しそ〉……。本当にそうですね。とてもさわやかな、そして大切な夏の草ですよね」

すっきり納得で、私は深くうなずきました。

車が止まると、日野ママが私の足元にダウンしているペリラに言いました。「さあ、ここがペリラの育った家ですよ」と。

私の指示で車から降りたペリラでしたが、しかし物めずらしそうにキョロキョロと周りの風景を眺めています。

八歳六カ月になっているペリラにとって、今日は七年数カ月ぶりの〝里帰り〟ということになります。

どこか落ち着かない様子のペリラに、私は「そうだわ」と思いました。かつての懐かしい場所でワンツーをさせてもらえれば、心のどこかに思い出すものがあるかもしれないと考えたのです。

「いいですよ。あのころと少し庭が違っていますけれど、この辺でどうでしょうか」

私の申し出に、日野ママが庭の片隅に私たちを誘導してくださいました。

「ワンツー、ワンツー」と声をかけると、ペリラはしばらく庭の草のにおいを、土や石ころのにおいをクンクンしていましたが、やがて私の周りをクルクルと回り始めました。

まずワンのポーズを取って、気持ちよさそうにたくさんのワン（おしっこ）をしました。

それから先ほどよりはるかにスピードをつけて、またクルクルと回ると、今度はツーのポーズをして、たっぷりのツー（うんち）を出しました。

日野ママの「さあ、どうぞ」という声に促《うなが》されて家の中に入ると、早速ペリラの気持ちをリラックスさせるために、背中につけているハーネスを外《はず》してあげました。

そうしたらすぐにペリラは、家の中をあちらこちらに探検に出かけてゆきました。

建《た》て増しもして、かつて家族の一員としてペリラがこの日野さんのお宅で生活していたころとは、大幅に家の様子が違っているということでしたが……。

それでもペリラは、日野パパと一緒に気の済むまで、家の中をあっちこっちと動き回っていたようです。

それがひと通り終わると、私の傍らに敷いたシートの上にダウンして、気持ち良さそうに居眠りを始めました。

ほんの少しでも、かつての思い出がよみがえってきたのでしょうか、軽やかで満たされた寝息を聞いていると、幸福感いっぱいのペリラの気持ちが伝わってくるようでした。

「ペリラが初めてやってきた時、あまりに小さくてびっくりしました」

と、日野パパが言います。

「顔ももっと小さくて、鼻なんかももっと短かかったよね」

と、美里さんもあいづちを打ちます。

「ソファの上にちょこんと眠っていて、最初の夜は何だか心細そうだったわね」

日野ママは、当時のことを思い出しているのでしょうか、とても懐かしそうです。

「そうだ、そして次の日起きてみたら、この床の上にうんちをしていたんだ。それがあって、そこからがすっかりノビノビのペリラだったんだよね」

この話には、ペリラが薄目を開けてこちらをうかがい見るほど、みなで大笑いでした。私たちがテーブルを囲んでいるリビングは以前とあまり変わっていないということで、目の前の床にうんちをしてしまった幼いペリラの様子を思い出すと、とっても微笑ましくて、涙が出そうなほど心が温《あたた》かくなりました。

その後も、生後二カ月にならないペリラの幼いかわいらしさが次々と話題になって、それがどれもみんな、お母さんの私の知らないペリラで、どのエピソードもキラキラと輝《かがや》く宝石のように心にしみ込んできました。

「幼い子どもたちのいる家庭なので、なかなか手も回らなくて、それでも子どもたちが一生懸命にペリラの世話をしてくれて、みんなで育て合ったという感じでしたね」

と、日野ママが微笑みます。

ふたりのお姉さんたちとケンカをすると、小学二年生の美里さんはペリラのハウスにもぐりこんで、ふたりでおしゃべりをしていたという思い出話も出ました。

ペリラがパピーさんとの生活にピリオドを打って盲導犬の訓練所に帰っていったのは、美里さんが小学三年生になった平成七年の初夏のころだったということです。

「学校に行く子どもたちとは、その日の朝『さよなら』でした。そして教会に盲導犬訓練所の車がお迎えに来るというので、私がペリラを連れていったのです」

日野ママは「ペリラは預《あず》かっている犬。いつかお返しすることは、みんな覚悟《かくご》の上でしたから」と、にこやかに言いますが、幼い美里さんの心はどうだったのかしら……と、私は思いました。しかし、高校生の美里さんはただ黙って、眠っているペリラの様子をいとおしそうに見つめているだけでした。

「美里が学校から帰ってきて、まだ教会にペリラがいるかもしれないと自転車で行ってみたんだよね。でもいなかったって、ガッカリして帰ってきたんだったね」

と、その日の美里さんの様子を、代わって日野ママが話してくださいました。

目の前にいる美里さんはさわやかな高校生のお姉さんですが、そんなかわいらしかった女の子の美里ちゃんと、まだ幼くて子犬だったペリラの様子が目に浮かんできます。

「私たち飼育奉仕者は、子犬のほんの一時代を一緒に生活して、その愛情を次へと伝えてゆきます。子犬は確実に育ってゆくのですから、愛情は少しも無駄《むだ》になりません。幸せなボランティアだと思っています」

日野ママがみんなの気持ちを代弁するかのように、にこやかに言いました。

今は、子犬たちのお父さん犬になるクォーツを預かって繁殖ボランティアをしている日野さん一家の、確かな生活者としての雰囲気の中で幼い心を育ててもらったペリラの幸せを、「スースー、スースー」という安らかな寝息を聞きながらしみじみ思うお母さんの私でした。

そして、私の娘ペリラに注《そそ》がれていた、たくさんの人たちの愛情をしっかり受け止めて、これからもペリラと生きてゆかなければならないと、あらためて思いました。

もうそろそろおいとまをと思っていると、真ん中のお姉さんの有希子さんが学校から帰ってきたり、おしくらまんじゅうでペリラに押し倒されて泣いてしまったという一番下のお兄さんの宏紀君が部活を終えて帰ってきたりして、またまた思い出話に花が咲いての楽しいひとときを、私たちは心ゆくまで過ごさせていただきました。

すっかり周りが暗くなったころ、「さよなら」をして電車の人になりました。

私は東京へもどってゆく電車に揺《ゆ》られながら、まだペリラと暮らし始めたばかりのころを思い出していました。

平成七年の晩秋にペリラと出会ったのですから、それから六カ月ほど過ぎた平成八年の五月、初夏のころだったと思います。

地下鉄で帰ってきた私とペリラは、通りから通りまでずーっと続く下町の商店街を通り抜けて、最初の信号で足を止めました。

小さな信号ですが、買い物帰りの人が数人立ち止まっていて、私たちもその中に入ったのです。

私はフッと、ペリラの様子がおかしいことに気がつきました。

それと同時に周りの人たちが、妙にこちらを見ているような気がしたのです。

何気《なにげ》なくペリラの顔に手をやった私は、声が出そうになるほどビックリぎょうてんしました。

ペリラの顔が異様に腫《は》れ上がっているのです、それも特に口元が……。

どうしたのだろうか、病気でも起きてしまったのかしら……。

三歳二カ月の命を白血病で閉じなければならなかった、あのガーランドの悲惨《ひさん》な様子がよみがえってきて、私は本当にドギマギしてしまいました。

しかし、通りすがりにこちらを見ている人たちの雰囲気が、どこか微笑みを浮かべているようなのです。

心を落ち着けてペリラのその腫れあがった顔を手でなでて、「あれー」と思わず笑いそうになる気持ちを私はあわてて押しとどめました。

そして「ノー！」とチョーク（叱《しか》る）をしたのです。

ペリラの腫れあがっているとばかり思った顔は、口に〝桃《もも》〟をくわえていたためだったのです――。

「本当にペリちゃんは……。お母さん、すごーく心配したよ！」と言いながらも、その私の口元は笑ってしまいそうでした。

商店街を歩いていて、ペリラは八百屋さんの店先の皿盛りの桃のひとつをパックリと口にくわえてしまったのです。でも一緒に歩いてきた私にも、どこでそれをやってのけたのかがサッパリわからないのです。

それに、叱られているにもかかわらず、（お母さん、こんないいものあったんだよ！）というように顔を振って、しっぽも振って、大喜びのペリラなのですから……。自分が何に叱られているのかがわかっていないのです。

「このドロボー盲導犬め！」と言いながらついつい噴き出し、笑ってしまいました。

周りの人たちも、にこやかな笑顔です。


今日うかがった日野さんのお宅の隣《となり》はゴルフ場でした。

「夕暮れになってゴルフ場が閉まるころになると、みんなのすてきな遊び場でした」

と、日野ママが言っていました。

お姉さんやお兄さんに囲《かこ》まれて、ペリラも冒険をしにゴルフ場にもぐりこんで、いっぱい遊んだことでしょう。

かけ回ったり、おにごっこをしたり、かくれんぼをしたり……。

ある時、突然ペリラが行方不明《ゆくえふめい》になってしまって、ひとりでゴルフ場の冒険をしていたことなども、思い出話の中に出ました。

「まだ〈若葉マーク〉のペリちゃんには、きっとゴルフの球も、桃の丸さも、おんなじだったのよね？」

あの、桃を口にくわえてうれしそうに顔を振り、しっぽを振っていた〈若葉マーク〉の盲導犬ペリラのことを、電車に揺られながら懐かしく思い出します。

そうしたら微笑みながらも、いつの間にか頬に涙が流れてきてしまいました。

3章　リタイア犬ボランティア

犬たちがくれた、最後の「ありがとう」

私が清水とき子さんと初めて会ったのは、平成一一年五月、佐渡島《さどがしま》でのことでした。日本の各地で盲導犬と生活している人たちが、親睦《しんぼく》と生活の向上を図るために〈全日本盲導犬使用者の会〉を組織していて、私も数年前から会員です。毎年五月に会員たちの交流会が日本各地で、そのつど会場を変えて開かれていて、その年の会場は日本海に浮かぶ佐渡島でした。

日本各地から盲導犬と一緒に会員たちが佐渡島めがけて集まってきましたが、私はペリラと新幹線で新潟まで出てゆき、そこから佐渡汽船のジェットフォイルで島に渡りました。

一日目の開会式の後の記念講演で、長野市内で盲導犬を引退した犬たちを家庭に引き取って一緒に暮らしているという清水さんの、「リタイア犬ボランティアの立場から」というテーマでの話がありました。

盲導犬と生活して二〇数年になる私でしたが、最初の盲導犬ベルナも、そして二頭目の盲導犬ガーランドも、リタイアさせずに最後まで一緒に暮らしましたので、今までリタイア犬ボランティアをしている人と会ったことも、親しく話をしたこともありませんでした。

ですから、盲導犬の仕事を終えた犬たちとの生活を淡々と語るその話には、私の知らなかった世界だけに新鮮な感動を覚えました。

一四歳で亡くなったベルナが老いてゆくかつての日々が、その清水さんの語る老犬たちとの生活に重なるところがあって、その話を聞いているうちに知らず知らずに涙があふれてしまいました。

お住まいが長野ということも、私の生まれ育った高田からとても近い場所だったので、特に親近感を抱きました。

その次の日の朝のことでした。

ペリラのワンツータイムにホテルの外に出ていますと、長野に帰る清水さんを偶然見かけました。

「おはようございます」と声をかけると、前年の秋に私の本『ベルナのしっぽ』のテレビドラマが放映されていたこともあって、ほんの短いひとときを楽しく立ち話にお付き合いくださいました。

別れ際《ぎわ》に、「今度ペリラちゃんと、私のイタリアンレストランのお店にいらっしゃいませんか？」と、お誘いもいただきました。

私とペリラが、高田に向かう新幹線の乗り継ぎに途中下車をして清水さんのお店におじゃましたのは、その年の秋のことでした。

イタリアンレストランの〈ラ・メリーナ〉はとてもしゃれた、それでいてアットホームな雰囲気のお店でした。

物腰《ものごし》のソフトさ、テーブルをサービスして回るその背筋《せすじ》の伸びた姿勢には、六〇代後半という年齢を感じさせない優雅《ゆうが》さが清水さんには漂《ただよ》っていました。

「今でもイタリアまで、食材や調理器具を買い出しにゆくのですよ」

そういう言葉の中に、柔軟だけれど、働く女性として一本筋《すじ》の通った強い意志を、私は感じました。

おいしくランチのパスタ料理をいただいて、お店を出ようとする私とペリラを見送りに出てきてくださった清水さんは、にこやかな笑顔で言いました。

「老犬たちと楽《らく》に暮らせる家を郊外に建てたのです。そこにリタイア犬も前からのペット犬も、みんな一緒にいるんですが、よかったらペリラちゃんと遊びにいらっしゃいませんか？」

「へー、七頭もの犬が一緒に家の中に。それはすごーい！」

犬たちがウロウロしている姿を想像しただけで驚きの声を上げてしまった私でしたが、しかし即座に「はい、今度ぜひ」とは言えない事情があったのです。


私は盲導犬と生活しながら、その実《じつ》、〝犬ニガテ人間〟なのです。

まだ幼稚園に通っていたころ、大きな犬に襲われた体験が私にはあります。

だから犬に出会うと、どうしても「怖《こわ》い！」と、体も心も、そして気持ちまでもが反応してしまうのです。

二七歳でベーチェット病のために失明した私でしたが、最初は盲導犬と一緒に暮らそうなどとは考えもしませんでした。

白い杖《つえ》で生活しながら結婚した私は、「お母さんになりたい」という大きな夢を持ちました。それは「目の見えるお母さんのように、自分の手で、そして胸で、自分の心で、子育てをする」という願いでした。

夢は、どんどん私の気持ちの中でふくらんでゆきました。

しかし具体的に考えてゆくと、だんだんその夢がしぼんでしまうのです。

私は訓練を受けて白い杖で歩いていましたし、電車にもバスにも乗っていましたが、でもやはり歩くのはとてもヘタでした。危険といつでも隣り合わせのような生活です。

もしかして赤ちゃんが病気になったら、熱を出したら、白い杖でその子をおんぶして病院へ無事にかけつけることができるのだろうか……。そう考えた時、絶望的な思いが私の心に広がりました。

わが子を無事に育てることができないようでは、お母さんにはなれないと思ったのです。

そんなある日、とても良い思い付きが私の頭に浮かびました。白い杖ではダメだけれど、盲導犬と一緒だったら……。

しかし冷静に考えれば盲導犬は〝犬〟です。私がもっともニガテに思っている犬なのです。でも、どうしても「お母さんになりたい」という夢は捨てられず、ついに、「犬は怖い」という思いより「お母さんになりたい」という夢が打ち勝ってしまいました。

そして私は白い杖を捨てて、盲導犬の訓練を受けるために出かけていったのです。

そこで出会った一頭のラブラドールレトリバーのメス犬が、私の最初の盲導犬ベルナです。すでにそのベルナとの出会いの日から二〇数年の歳月が過ぎています。

私には、ベルナ、ガーランド、そしてペリラ、この三頭の盲導犬たちと一緒に暮らしてきたという日々があります。

「どの子もみんな、私にとっては〝しっぽのある娘〟。かけがえのない子どもたちです」と、自信を持って言いきることができます。

それなのに、幼い心に根付いた「犬は怖い」という恐怖心も、どうしてもぬぐいきれないのです。

吠《ほ》えられると心臓が止まりそうに緊張《きんちょう》しますし、飛びつかれたらたぶん卒倒《そっとう》してしまうことでしょう。

このように私は、盲導犬と生活しながら「犬はニガテ」という、特殊な事情の持ち主です。ところが不思議なことに、そんな私の三番目の盲導犬ペリラが、まったく私と同じ性癖の持ち主なのです。

彼女はラブラドールレトリバーですから、どこから見ても犬そのものなのですが、どうしたわけなのか犬がニガテです。

大きな犬が向こうからやってくると、（あ、犬だ！）とばかりに緊張します。

それでもしつこく近づいてこられると、逃げて私のお尻の後ろに隠れてしまいます。

〈全日本盲導犬使用者の会〉の五月の交流会と一一月の総会に私は毎年ペリラと参加していますが、ペリラはほかの盲導犬たちと決してなじもうとはしません。

それどころかほかの盲導犬が近づいてくると、（いやーん）とばかりに逃げの姿勢をとります。

このように犬はどうもダメ、ニガテという特殊事情の持ち主の私とペリラですから、七頭もの犬たちがいる清水さんのお宅への訪問は、頭で考えただけでもお尻が後ろへ引き下がってしまったのです。

その後も〈ラ・メリーナ〉に立ち寄るたびに、「いらっしゃいませんか?」と誘われましたが、なかなか重い腰は上がりませんでした。

ところが何回目かにおじゃまして、食後のコーヒーを飲んでいる時でした。

「近々、このお店をやめることにしました」

清水さんが突然サラリと言いました。

あまりに自然に出た言葉だったので驚きましたが、それだけに「どうしてやめてしまうのですか?」とたずねることはできませんでした。

こんなにたくさんのお客さまがお店についているのに……の思いが、つい私の小首《こくび》をかしげさせてしまったようです。「もう私も七〇歳、そろそろ疲れがたまる年齢ですもの」と、その不思議そうな面持ちの私に、静かな声が答えてくださいました。

長野市の郊外にある清水さんの自宅におじゃまするることになったのは、平成一三年五月のことでした。

新幹線の改札口に、私とペリラを迎えてくださる、にこやかな笑顔がありました。

私たちを乗せた清水さんの運転する車は、リンゴの花がほのかに香《かお》る風に吹かれて、郊外への道を走ってゆきます。

車が止まったその時です。

「ワンワン！　ワンワン！」と、かなりの数の犬の吠え声です。

それは清水さんの車の音を聞きつけて、犬たちが家の中から「おかえりなさーい！」とばかりに飛び出してきた声なのです。

「こらこら、お客さまですよ」

と、車のドアを開けながら清水さんが犬たちに言っています。

人間大好き、お客様大好きな犬たちなのでしょうか、ますますうれしそうに「ワンワン！ワンワン！」と車の中を覗きこむように好奇心いっぱいの吠え声でした。

しかし、ここまで来てもやっぱり心が定まらない、私とペリラの気持ちです。

それは決して私たちを威嚇《いかく》しているのではなく、大歓迎の吠え声なのだとはわかるのですが、やっぱり怖いのです。

私は自分の心を落ち着かせるために、まず大きく深呼吸を、それから目をつぶって口の中でつぶやきます。

「怖くなんかない、だいじょうぶ、みーんなペリラと同じ犬なんだもの」

そして気持ちを奮い立たせて、車のドアを開きました。

そんな私に比べて、ペリラのおじけづきようは、はるかにすごいものでした。

車のドアが開けば、いつだってすぐに降りる体勢になるペリラなのですが、この時は決して動こうとはしませんでした。

「ペリちゃんおいで。カム」と、外へ出た私が引き綱を引っぱっても、四本の手足を突っぱって車の中で踏んばっています。

(ここからは絶対に動きたくない!)という堅《かた》い決意を持っているペリラなのです。

その上、背中に手を触れると小刻《こきざ》みに震えています。

「怖いのね……。ペリちゃんはやっぱり、いやなのね」

ペリラの小さな背中をなでてあげながら、私は言いました。

私たちが家の中に入れれば、どの犬たちもみんな一緒に家の中に動いてゆくということでしたので、私はペリラをそのまま清水さんの車の中に待たせておくことにしました。

「おりこうさんで待っていてね」

不安そうに見つめるペリラの頭をなでながら、自分の荷物のひとつを座席の上に置きました。その置いたままのカバンは、「待っていてね。お母さんは必ずここに帰ってくるからね」という、ペリラへの心のメッセージです。

清水さんの腕につかまって家の玄関までの道を歩いてゆく時でも、七頭の犬たちは前になったり、後ろになったりしながらついてきます。

「わー、大歓迎してくれているのね！」

さきほどまでのあの怖さもしばらく忘れて、「まるで犬の国にやってきたみたい」と、ちょっぴり心がはずみました。

〝犬たちと一緒に生活することができる家〟と設計されただけあって、前庭からスロープになって、そのまま玄関ホールに入れます。

そのホールのじゃまにならない脇《わき》に、足洗いが設けられていて、泥んこになった犬たちの手足も、体も、手軽にお湯の出るこのシャワーで洗ってあげられるようになっていました。

靴《くつ》をはいたままの私たちがリビングに入ってゆきますと、七頭の犬たちも前になり、後ろになって一緒に入ってきました。

そしてリビングの椅子《いす》に腰をかけた私のところに、われ先にとやってきて、ごあいさつをするのです。

「はい、この子がリタイア犬のネリーちゃんです」

「この子がやっぱりリタイア犬のヤヨイちゃんです」

清水さんが一頭ずつ犬たちを紹介してくださるのですが、私には最初、どの子がどの子なのか、さっぱりわかりませんでした。

「さあ、のどが渇《かわ》きましたでしょう。どうぞ」

と、大ぶりの湯飲み茶碗にたっぷりの、ほうじ茶を勧《すす》めてくださいます。

犬たちのあまりの迫力に圧倒されてしまった私の心と体の中に、そのほうじ茶の香《こう》ばしさがしみるように入ってゆきました。

七頭の犬たちは、ひと騒《さわ》ぎをするとリビングのそれぞれの場所に落ち着いたようです。

部屋の隅に敷かれたシーツの上に真っ先にダウンしたのは、この家で最年長の、リタイア犬のユールだということです。

ソファの上でダウンしている子もいますし、そのソファの下にもぐりこんでしまった子もいました。そして清水さんを追いかけてキッチンに入っていった子もいました。

一頭の犬が、いつまでも私の体にまとわりついて甘えています。

「その子がペットショップで売れ残っていたラブラドールのラステルです」

と、キッチンから出てきた清水さんが言います。

「そう、あなたがラステルちゃんだったのね」

と、私はそのまとわりつく犬の頭をなでてあげながら思い出しました。

以前〈ラ・メリーナ〉におじゃましたある時、めずらしく顔を曇《くも》らせた清水さんが思案《しあん》げに言ったことがありました。

「ペットショップで、ずっと売れ残っているラブがいて、あのままじゃあ、きっと処分されてしまうわ……」と。

私になでられて、ラステルはますますうれしそうに体をすり寄せてきました。

「すぐに犬はしゃぎをするでしょう。ラステルはちょっとおバカなのですよ。リタイア犬たちに比べると、まったくしつけができていませんから」

恥ずかしそうな声で、それでもかわいくてならないというような清水さんでした。

「こんなにたくさんの犬がいると、犬どうしがケンカをするなんてことはありませんか？」

素朴《そぼく》な質問でしたが、私の頭の中は犬、犬、犬でしたので、まずこうたずねてみました。

「いいえ、それはありません」

キッパリとした語調の声が返ってきました。

「ちょっとでも若い犬たちは、自分より老いた犬を、体の具合《ぐあい》の悪い犬を、それはとてもいたわりますから」

「へー、犬って即席の集団でもそんなふうなのですか！」

感心すると同時に、私はとても感動してしまいました。

最近のニュースを見ても、世相《せそう》を考えても、私たち人間の家族の絆《きずな》は、ますます希薄《きはく》になりつつあるように思えます。

前年の秋、老人サナトリュームで八七歳で亡くなった母のことを思い出しながら、〝老いた人をいたわる〟という意識が、動物にくらべて人間の方がはるかに強いなどとはとても言えないと、心ひそかに思ったのです。

結婚するために私が家を出た後、ずっとひとり暮らしをしていた母でしたが、それができなくなるとすぐに有料の老人サナトリュームに移り住み、最晩年はそこで、ほとんど〝まだらぼけ〟状態で亡くなったのでした。

あの気丈《きじょう》でしっかりものだった母がと思うと、とても悲しく思ったり、また、ぼけることが母にとって幸せなのだと思ったりで、何もしてあげられない目の見えない娘の気持ちは、なかなか複雑なものがありました。

それで余計にそんな思いにとらわれたのでしょうか、老いたるものをいたわる犬たちの心を思うと、なぜだか頬に涙が流れ落ちてきて、ため息がひとつホーッと漏れました。

「先にいた犬がいばって、あとから来た犬をいじめるなどということはないのですか？」

小鳥を飼っている人に、後からやってきた小鳥を先にいた小鳥がいかにいじめるか、その〝いじめのすさまじさ〟をかつて聞いたことがありました。私はそのことを思い出しながら質問をしてみました。

「犬にもいろいろな性格がありますから、いちがいに『まったくありません』とは言いきれないのですが……。でも犬は集団で生活する習性がありますよね。やはりみんなで一緒に暮らすためには、必要な秩序《ちつじょ》みたいなものが習性として知らず知らずのあいだに備《そな》わっているのではないでしょうか」

私たちが向かい合って話しているテーブルのそばに、一頭の犬がやってきました。

先ほど、キッチンに入っていった清水さんを追いかけていった子です。

「ここにはペット犬とリタイア犬だけではなくて、人間に虐待《ぎゃくたい》されていた犬もいるのですよ」

清水さんにまとわりついて甘えているのは、とても小さな体のハスキー犬です。

長いあいだ動物実験用の実験犬として使われ、放置したまま処分されるということを聞きつけた清水さんが、富山県まで車を飛ばして引き取りにいったという犬なのでした。

「かわいそうに、まったくの人間不信になっていたのでしょうね。来たばかりのころは警戒心がとても強くて、ケージの中から出てこようとはしなかったのですよ……」

今ではすっかり安心しきって清水さんに甘えているハスキー犬にも、そういう悲しい過去があったのだと思うと、「よかったね、安心できる家族ができて。優しいお母さんがいて」

と言ってあげたい気持ちになりました。

「だから、どんなにかわいがってあげても、やはり時々こうして人間の愛情を確かめなければ不安なのでしょうね」

遠慮がちに手を舐めているその犬の頭をなでてあげている声は、ますます優しさを増しているようでした。

「ここにやってくるまでのあいだには、どの犬にも、それぞれいろんなことがあったと思うのです。だから、せめてどの犬にも、『人間と一緒に生活してよかった』、その思いだけは精いっぱい味わってもらいたいと思っているのです」

そう語る清水さんには、佐渡島で会った時とも、また〈ラ・メリーナ〉のお店で会った時とも異なった雰囲気が漂っていました。

生きることを真剣に受け止めて、素直にそれらを受け入れながら自分を失わない、人間の強さで裏打ちされた豊かさを、私は一人の女性の中に見た思いがしました。

息子の栄《さかえ》さんが引き出しをゴソゴソし始めますと、今までそれぞれの場所でおとなしくしていた犬たちがいっせいに立ち上がり、栄さんの周りをグルリと取り囲みました。

おやつタイムのようで、それぞれジャーキーを一本ずつ口にくわえると、犬たちはまたそれぞれの場所に立ち去ってゆきます。

「こんなにたくさんいると、間違えて同じ子に二本食べさせてしまったりしないのですか？」

「そんなことはありませんよ。一本ずつとわかっているのでしょう、犬たちもそれ以上は欲しがりません。自分の分をもらうと、ちゃーんと自分の場所へ行ってしまいますから」

と、栄さんが答えてくださいました。

「集団で生活するためにはそれなりに必要なルールがあって、犬たちはみんなそれを自然に会得《えとく》して生活しているのですよ」との先ほどの清水さんの言葉を思い出して、私は深くうなずきました。

「犬なのに犬がニガテなペリラなどは、こんなふうに集団で生活するということができるのでしょうか？」

犬が怖いばかりに、心細さをかみしめながら車の中で待っているであろうペリラを思い出しながら、私は苦笑《にが》いでたずねます。

「だいじょうぶ。今は郡司さんにかわいがられているから、ペリラちゃんはほかの犬たちとの交《まじ》わりを必要としていないのですね。それを必要とする環境になれば、きっとペリラちゃんだって、みんなと一緒に暮らすという生活ができますよ」

私はもうそろそろペリラが寂《さび》しさに耐《た》える限界かなと思いながら、盲人用の腕時計を指でさぐりました。

清水とき子さんがこのようにリタイア犬たちのお母さんになったのは、一頭の犬との出会いからだったということです。

当時、清水さんは国道に面したところで〈ロブロイ〉という名前のイタリアンレストランを、そして夫の勲《いさお》さんは印刷会社を経営していて、とても忙しい夫婦でした。

いつのころからか、ご主人が市内の鍼《はり》治療院へ通っていたようでしたが、昔かたぎの人だったので細かなことはまったく話しません。それに会社から車で行ってしまうので、その治療院がどこにあるのかさえも清水さんは知りませんでした。

ところがひょんなことから、突然ご主人をその治療院まで車で迎えにゆくことになりました。

「こんにちは」と声をかけて、清水さんは待合室の中に入ってゆきました。

そしてその部屋の片隅に一頭の犬が、それも大型のシェパード犬がダウンしていることに気がつきました。

犬も、入ってきた清水さんを吠えもしないでダウンしたまま見つめています。

子どものころから犬好きで、自宅にもラブラドールとゴールデンレトリバーを飼っていましたので、少しも怖いとは思いませんでしたが、「どうしてこんなところにシェパードがいるのかしら?」と、不思議に思いました。

シェパード特有の切れ上がった瞳にたたえられた、静かな、そしてとびきりの優しいまなざしに、清水さんの心はすっかり魅せられてしまいました。

まもなく治療を終えたご主人が、治療院の先生と待合室へ出てきました。

「ずいぶんおりこうさんなワンちゃんなのですね」

と、その目の不自由な先生に話しかけてみました。

「この子は盲導犬です。吠えたり飛びついたりかみついたりは決してしません」

治療院の先生の、〝盲導犬〟という、当時はまだ聞き慣《な》れなかった言葉に、清水さんは小首をかしげました。

「犬には、目の不自由な人の役に立つための犬もいるんだよ」

ご主人が小声で教えてくれました。

「まあ、盲導犬ってそういう仕事をする犬なの⁉」

家で飼っている二頭の犬たちに比べて、初めて会った盲導犬のあまりのおりこうさに、ただただ感心してしまいました。

魅力は感じたものの、清水さんにとって盲導犬はまだ〝治療院のおりこうさんな犬〟という存在でしかありませんでした。それが心の中に入り込んできたのは、偶然本屋さんで見かけた一冊の犬雑誌からでした。

パラパラとページをめくると盲導犬の特集をしていて、赤ちゃん犬のかわいらしい表情、子犬に成長したいたずらっこの姿、訓練を受けている厳《きび》しい表情、そして立派《りっぱ》な盲導犬になったけなげな姿……。そんな写真がたくさん掲載されていました。

自分の主人である使用者を見つめている姿、信頼しきった目の輝き、どれもたまらなくいとおしくて、たまらなく雄々《おお》しい表情でした。

　清水さんの家では、ご主人も、ふたりの子どもたちも、家族全員がみな犬好きですから、治療院の盲導犬シェパードのことは、食卓でもよく話題になっていました。それでその雑誌を何のためらいもなくレジへ持ってゆきました。

　あわただしい夕食後のひととき、かわいらしい犬の写真がいっぱい掲載されている雑誌をみんなで眺めていると、あるところで目が止まりました。

〈子犬時代を預かって、育ててくださるパピーウォーカーさんを募集しています。里親ボランティアになってくださるご家庭はありませんか?〉と書いてあるのです。

「お母さん、このボランティア、やってみようよ」

　と、ふたりの息子も目を輝かせて言います。

「おお、それはとても良いことだ。人助けにもなるし」

　と、日ごろは家の中のことなどまるで関心を持たないご主人までが勧めます。

「そうねー……」と言いながらも、「これ以上忙しくなったら……」と、ためらいも覚えた清水さんでしたが、知らず知らずにその〈里親ボランティア〉の記事から目を離せなくなっていました。

そこには、パピーさんの家庭で家族の一員として生活している子犬のかわいらしい表情が、そして成長してゆくさまざまな姿が、何枚もの写真とともに説明してあります。いつの間にかその写真に見入って、いつの間にか微笑んでいる清水さんでした。こんなかわいらしい子犬たちが、あのシェパードのように人間を信じきる優しいまなざしの盲導犬に成長してゆくのだわと思うと、それだけで目頭が熱くなってきそうでした。

次の日、レストランの忙しい時間の合間《あいま》を見はからって、雑誌に書いてある電話番号にダイヤルを回してみたところ、電話口に出た盲導犬訓練所の人が気の毒そうに言います。

「ご家庭でペット犬を飼っていらっしゃると、パピーさんをお願いできないのです……」

清水さんが飼っていた二頭の犬は、ラブラドールレトリバーとゴールデンレトリバーで、どちらも盲導犬に適している犬種です。だから子犬と一緒に遊べるからかえって良いのではと考えていたのですが、ガッカリでした。

しかし意外なことに、「あの、パピーさんのボランティアはお願いできないのですが、ご家族のみなさんが犬がお好きだということですよね、それでは〝リタイア犬〟のボランティアはいかがでしょうか?」と電話口の声は言ったのです。

清水さんには、またまた聞き慣れない言葉が出てきました。

「リタイア犬のボランティアって何なのですか? どんな仕事をするのですか?」

と、オウムがえしにたずねていました。

「老犬になって盲導犬の仕事ができなくなってしまった犬たちを引き取って、一緒に暮らしていただく、それがリタイア犬ボランティアなんですが……」

かわいらしい子犬との生活ができなくても、あの鍼治療院のシェパードのような盲導犬と一緒に生活できるのなら……。それならリタイア犬ボランティアになろうと、清水さんはその場で「お願いします」と答えたのです。

それは平成五年の七月、遅い信州の夏が始まったばかりのころでした。

そして最初のリタイア犬が清水さんのところにやってきたのは、それから一カ月ほどのち、夏の避暑客のためレストランが一年中で一番忙しい時でした。

「引き受けてくださるボランティアさんがどなたも夏休みでダメなので、急いで探しているのですが、よろしいでしょうか?」という電話が入って、それからほんの数日で「近くまで車でやってきています」ということになりました。

電話をもらった時にはレストランがランチ時でとても忙しかったので、近くの大型スーパーマーケットの駐車場でしばらく待っていてもらうことにして、清水さんは仕事を片付けるとすぐに車を走らせました。

「なんという名前の子なんだろうか。男の子、それとも女の子かしら。それにリタイア犬っていったって何歳の子なのかしら」

何の情報も予備知識も知らされていなかったので、出会いの期待と同じくらいの不安もありました。

駐車場に入ってすぐに、車体に大きな犬の絵を描いたワゴン車を見つけることができました。先方でも清水さんの車を見分けられたらしく、車のドアが開いて一人の女性が外へ出てきました。

その時です。何か黒い物体がドアの隙間《すきま》とその女性のあいだをすり抜けて、清水さんの方へまっしぐらに走ってきたのは……。

それは黒のラブラドールレトリバーでした。

次の瞬間、その犬は清水さんのふところめがけて飛び込んできました。

これが、清水さんとリタイア犬クッキーとの初めての出会いでした。


私は清水さんの運転する車の後ろ座席に腰をかけていました。

東京へ帰る新幹線に乗るために、長野駅まで車で送ってもらっているのです。

さきほどは七頭の犬たちの大歓迎に圧倒されてしまって、すっかりおじけづいたペリラでしたが、今は安心しきって私の足元にダウンしています。

車の心地よい揺れに身をまかせていると、先ほど清水さんが語ったリタイア犬クッキーとの初めての出会いの場面が、映画のワンシーンのように私の頭の中に広がってゆきます。

運転するその背中に声をかけます。

「いくら犬が大好きでも、このクッキーちゃんとの出会いは衝撃的ですよね。かなりインパクトがありましたか?」

「ええ、ええ、それはもうびっくりしました。盲導犬をリタイアした犬だっていうから、もっとヨボヨボのワンちゃんが来るものとばかり想像していましたもの」

当時を懐かしむようなその声には優しい笑《え》みが含まれているようでした。

足元にダウンしていたペリラが急に顔を上げて、私を見つめています。

（お母さん、さっきはどこへ行っていたの？　ひとりで置いていかれちゃったから寂しかったんだよ……）と訴《うった》えるように、下あごを私の膝《ひざ》に乗せて鼻を「キューン」と小さく鳴らします。

「あれからずいぶんリタイア犬と暮らしましたが、あんなに感激した出会いは、ほかにはありませんね。『こんなに私との出会いを喜んでくれてありがとう』という気持ちと、『これからずーっとよろしくね』という気持ちで、クッキーの大きな体をしっかり抱きしめてあげました よ」

清水さんの話を聞きながら、鼻を鳴らしたペリラの頭をゆっくりなでてあげました。

「だいじょうぶ、だいじょうぶ。ペリちゃんはいつでも、いつまでもお母さんと一緒だからね」と言うようにです。

このようにして新しく家族の一員になったクッキーは、すぐにその生活になじんで、それまで飼っていたペット犬の五歳のラブラドールレトリバーのもも子とも、三歳のゴールデンレトリバーのラブとも、仲良しになってくれました。

「いいわね、クッキーはもうおばあちゃんだから、あまり無茶《むちゃ》をしてはダメなのよ」

と、清水さんは二頭の犬たちに言い聞かせましたが、それぞれの犬たちの関係には何のトラブルも起きず、清水さんの心配は取り越し苦労で終わってしまいました。

まるで三頭がずーっと前から一緒だったように、家の中で遊んだり、ベランダから庭に出て、ひとかたまりになってじゃれあったりしています。

清水さんが感心したことに、クッキーはずっと〝目の見えない人の目になる〟という盲導犬の生活をしてきただけあって、ペット犬のラブやもも子とあきらかに違うところがありました。

それは、人間の心がよくわかり、その人間の心の中にすっぽりと入ることができるということです。

犬好きのふたりの子どもたちとも仲良しになってくれましたが、〈仕事人間〉だったご主人とも、すぐに心が通い合うようになったのです。

ご主人がどんなに遅く帰ってきても、誰よりも早く「お父さん、おかえりなさい！」と玄関に飛び出してゆくクッキーでした。そして「お疲れさまでした」と、うれしそうにしっぽを振るのです。

ふたりの子どもたちもほぼ成人してしまった家庭の中では、新しい家族を迎えて、再《ふたた》び和《なご》やかな雰囲気が漂うようになった日々でした。

リタイア犬ボランティアを引き受けるにあたって、盲導犬訓練所からいくつかの注意事項がありましたが、その中のひとつに「犬を長い時間、人間が不在の場所に置かないようにしてください」というのがありました。

日中のほとんどの時間を自分のお店〈ロブロイ〉で過ごしている清水さんの生活では、これは少し問題ありですから、朝クッキーと一緒に出勤して、お店の事務所で過ごさせるようにしました。

レストランの暇な時間帯に、ペット犬のラブともも子を車に乗せて、息子の栄さんがやってきます。

三頭の犬たちはレストランの隣のリンゴ畑に入って、しばらくのあいだそこをかけ回って遊ぶのです。

クッキーが若いラブやもも子に負けないほど元気よくかけ回っているその様子を、お店の窓越しに見ることができます。

時には、お昼休みに入ったお店の従業員と駐車場でボール遊びをすることがありました。高く投げられたボールに飛びついてキャッチする三歳のゴールデンレトリバーのラブには、目を見張るスマートさがあります。

じゃれつくようにボールを口にくわえる五歳のラブラドールレトリバーのもも子には、ユーモラスな余裕がありました。

このまだ年若い二頭の犬たちに比べて、一〇歳のクッキーはドタドタと体をゆすってのボールのキャッチです。

しかしそのボールを口にくわえたクッキーの表情は、まるでうれしさのかたまりのようでした。

清水さんはレストランの中で毎日忙しく働きながら、そんな犬たちの姿を見るのが何よりの楽しみでした。

たしかクッキーは足腰が弱って、ぼんやりすることが多くなって、それで盲導犬をリタイアしたはずなのに……。そう思って小首をかしげながらも、ついつい微笑んでしまうのでした。

そして嬉々《きき》として遊ぶクッキーの姿に、「こんな幸せな日々があってよかった……」と、しみじみ思うのでした。

「そんな穏やかな日々に大きな変化が訪れたのは、それから三年後のことでした」

と、清水さんは小さな声でつぶやくようにポツリと言いました。

長野市郊外の清水さんのお宅におじゃました数年後、同じ長野県の上田市に引っ越したという知らせをいただき、私はペリラと再び清水さんを訪ねました。

農家を改築したというその家のリビングに向かい合って、私たちは午後のお茶のひとときを過ごしていたのですが、久しぶりにお会いした清水さんは以前より少し若返ったように思えました。

「穏やかだった生活にかげりが見えてきたのは、クッキーがよだれを異常にたらすようになってからだったでしょうか。獣医の先生のところに連れていくと、最初はたいしたことではないという診断だったのですが、だんだんそのよだれに悪臭が混じるようになりました。下あごに悪性のガンがあるということでしたが、場所が場所ですし、高齢ということもあり、手術はやめておきましょうということになって……。本当につらかったですね」

梅雨《つゆ》の季節が近づいていて蒸し暑い午後でしたが、田畑の広がるという窓外からは、時々ハッとするほどの涼しい風が吹き込んできました。

「その当時、夫も健康を害して入退院を繰り返していたんですけれど、わがままで文句の多い夫に比べて、クッキーは本当にしんぼう強い病人でしたよ」

そう言いながらクスリと笑った清水さんの声には、昔々のことを話すような懐かしさがあふれていました。

おじゃました上田のお宅には、リタイア犬のモモとペット犬二頭がいるだけで、犬ニガテペリラも、今度は私と一緒にリビングに入ることができました。

「クッキーの病《や》み衰《おとろ》えてゆく姿を見るのは本当につらかったのですが、臭《にお》いの強いよだれをたらしながらも懸命に生きようとする姿には、心を打たれましたね……。夫の病状もなかなか深刻な状態で、会社の経営という大変なものを抱《かか》えての病人生活でしたから、看病する私にもとてもつらいものがありましたが、でもクッキーが耐えているその姿を見ていると、私もしっかり自分の人生を生きなければ、という気持ちになるのです」

清水さんの話を聞きながら、私もかつて通り過ぎてきた日々を思い出していました。

私の最初の盲導犬ベルナがついに寝たきり犬になったのは、平成六年二月のことでした。すでに一四歳の年齢です。再起は望めるはずもない状態でした。

その看病をしている私は、もうひとつの大きな問題を抱えていました。

それは夫の体調の悪さです。

しかし、「自分は病気ではない。自分の体は自分がよくわかるのだ」と言い張ります。

でも、「もしかしたら、ガンかもしれない」と夫は思っているのです。

そして妻の私も「夫はガンかもしれない」と思っていました。

息子の幹太はまだ小学六年生、これから本当の意味で父親を必要とする年齢です。

「一日も早く病院へ行ってもらいたい」と願いました。

「今すぐに行けば、もしかしたら何とかなるかもしれないのに……」とも思いました。キリキリするほど焦《あせ》る気持ちを抑えての、一日一日と死に近づいてゆくベルナを看病する私の毎日でした。

そんな押しつぶされそうな重苦しい気持ちを奮い立たせてくれたのは、そのベルナの、ただただ生きようとする姿でした。

「私がレストランの仕事を終えて帰ってゆくのは、毎日夜の一一時ごろ。玄関を入ってゆくと、クッキーがヨロヨロしながらお迎えに出てきてくれるんですよね。それも病み衰えてゆくと自分の体を支えきれないから、壁に体を預けるようにして……」

話を聞いている私の胸に、寝たきり犬になったベルナが、それでも立ち上がろうともがいていた姿が思い出されて、涙が頬を流れ落ちてゆきます。

「若いペット犬のもも子とラブとが、そんなクッキーを守るように、前になり後ろになって玄関に出てくるのですよ……」

ずっと淡々としていた清水さんの声でしたが、さすがにここまで来ると涙の濃い色合いに染まってしまいました。

そんなクッキーだったのに、ついに最期《さいご》の時がきてしまい、平成一〇年九月、一五歳の命を閉じたということでした。

そしてその三カ月後に、清水さんのご主人が入院していた病院で亡くなったということを聞いて、私は驚いてしまいました。

ベルナが平成六年三月に亡くなり、そして三カ月後の六月に肺ガンで夫が亡くなった、そのわが家とまったく同じだったからです。

涙しながら話し合う私たちを、ペリラが、そしてリタイア犬のモモが、うかがうようにして見つめています。

「長野の家は、思いきって手放すことにしたんですよ。上田は私の生まれ育った土地ですし、長野にくらべれば雪も少ないですからね」

言葉少なく語る清水さんでしたが、そこには言葉にしないだけのたくさんの事情が、そしてそれだけに全てを乗り越えた人の潔《いさぎよ》さがあるのだと思いました。

「長野の生活の中で亡くなった犬たちも、上田に引っ越してから亡くなった犬たちも、夫とともにみんな一緒におまもりしているのですよ」
「私のところでも、ベルナも、ガーランドも、夫と同じ墓所にですから」
と、足元にダウンしているペリラを気づかいながら、私も微笑みを含んだ声で答えました。

リタイア犬のクッキーが盲導犬だった時代のお母さん、野口由紀子《ゆきこ》さんに会ったのは、清水さんを上田に訪ねた数週間後のことでした。

私が電車を乗り継いで約束の場所、H駅の改札口に着くと、すでに野口さんは盲導犬のヴァランスと待っていてくださり、私たちは駅ビルの喫茶店に入ることにして、ふたりそろって階段を探し始めました。

関東地方はすでに梅雨に入っていて、その日もとても蒸し暑い空模様の日だったので、慣れない街の中でウロウロするよりは手近《てぢか》なところで落ち着きましょう、ということになったのです。

私たちは初対面でしたが、私が最初の盲導犬ベルナと生活を始めたのが昭和五六年の春、そして野口さんが最初の盲導犬クッキーと生活し始めたのが昭和六〇年の春というように、ほぼ同じ時代を盲導犬と生きた者どうし、抱えてきた悩みは同じでした。

まだ今よりはるかに盲導犬を受け入れる環境は厳しくて、苦労話にも重なる思い出があって、そのころの生活状況がしばらくふたりの共通の話題になりました。

「私は犬がニガテだったので、最初はなかなかクッキーになじめませんでした」

と、野口さんが言います。

「あら、まったく同じ。私も、今でもどうも犬はちょっとニガテなのですよ」

と、ついいつもの癖《くせ》で言葉の最後に声を潜めてしまう私。そして共通の思いに声をそろえて笑ってしまいました。

テーブルの下ではペリラもヴァランスも、涼しい室温にすっかりくつろいでダウンしています。

「だから最初は、クッキーに顔を舐められるのもいやでした。それに、犬ってこんなものなのかと冷静に観察してしまう自分もいやでしたね」

野口さんの打ち明け話を聞きながら、私もベルナと出会った最初の日を懐かしく思い出していました。

盲導犬の訓練に出ていったものの、犬が怖くて尻ごみをしてしまう私に「ベルナの口の中に手を入れてごらんなさい！」と訓練所の先生に言われた時の、あのびっくりした思い……。そして恐る恐る口に手を突っ込んだ私の必死の覚悟……。指先がベルナの歯に触れて、それから舌ベロに触れて、そして受け止めたあの何ともいえない柔《やわ》らかで暖かな思い、その感動……。それは生涯決して忘れることのできない思い出でした。

「訓練を終わってクッキーちゃんと自分の町で生活し始めたころの、周りの反応はどうでしたか？　理解してもらえましたか？」

私の最初の問《と》いに、野口さんはキッパリとした声で言います。

「ダメでした。それも、まったくダメでした」

私にも、ベルナと暮らし始めたころ、信号待ちをしている時に、タバコの火をベルナの体に押しつけられたという悲しい思い出があります。

毎日のようにお店を訪ねていって「何とか盲導犬を入れてもらえませんか？」とお願いして回っていたころの、それはつらい思い出でした。

「私がそのころ住んでいたところは東京の郊外。開発が進み始めたころで、お互いに連帯意識などほとんどない状態でしたから、いやなことばかりの連続でした。だから、まだ小学生だったふたりの子どもたちにも、ずいぶんつらい思いをさせてしまいました」

と、野口さんはいやなことを思い出してしまったかのように、早口で一気に言いました。

「一番いやだったのは運動会ですね。周りの人は誰も声なんか掛けてくれません。そういう中での目の見えない母親ですから、状況がさっぱりわからないのです。それに、お昼ごはんの時は子どもたちは教室へ行ってしまいます。親だけがグラウンドで食べるのですが、いつでもクッキーとふたりだけで隅っこで食べていました」

「ああ、そうだったわ」と、私も思い出しました。

私たち一家が生活しているところは東京の下町ですから、それでもまだ人情あふれる日々の営みがありましたが、それでも目の見えない私にとって、わが子の運動会は一番なじめない行事でした。

外の広いグラウンドでの運動会ですから、子どもたちの歓声が響《ひび》いて、さっぱり雰囲気がつかめないのです。

どこでわが子が走っているのか、ダンスをしているのかがわからなくて、ひとりだけまったく違った方向を眺めていたことがありました。

野口さんは続けます。

「お母さんたちとの関係もうまくゆかずに、本当につらかったです。PTA活動など、誰も声をかけてくれる人がいないのですから……」

私もつらくなってきて、深くため息がもれました。

「そうそう、こんなことがありました。ふたりの子どもがケンカをしますよね。そのあいだに挟《はさ》まれたクッキーは、まったく困ったなーという感じで。その表情がおもしろいって、ついついケンカしながら子どもたちが笑ってしまったことがありましたね」

そう話した時の野口さんに、初めて母親らしい微笑みがこぼれて、聞き手の私は心が救われる思いがしました。

そして、子どもたちに挟まれて困ったなという様子のラブラドールレトリバー犬を思い浮かべて、私も思わず微笑みます。

「私自身、周りのお母さんたちとうまくゆかなくて泣きたくなる気持ちの時でも、クッキーのしっぽのパタパタという音を聞いていると、なんだかとっても心がなぐさめられるところがありましたね」

「そうですよね。盲導犬って、私たちの生活の中では、まったく家族同様ですから……。目の見えない部分を補《おぎな》ってくれるだけではなく、いつとはなく心の隙間に入っていてくれて、精神的にも大きな力を発揮して支えてくれる存在ですよね」

かつてベルナが、私の〝盲導犬〟ということだけではなく、幹太の優しい〝お姉さん〟の役割を果たしてくれたことを思い出しながら、私もあいづちをうちました。

「そのクッキーのリタイアを考え始めたのは、どういういきさつからですか?」

少したためらいましたが、私は口元に運んだコーヒーのカップをお皿にもどすと、思いきってたずねてみました。

「そうですね……」と、野口さんはしばらくのあいだ言葉を探しているようでした。

静かなひととき、ペリラも、ヴァランスも、それぞれのご主人の足を枕《まくら》に「スースー」と気持ちよさそうに居眠りをしています。

しばらくの沈黙のあと、野口さんはやがて静かに話し始めました。

「クッキーがあと少しで一〇歳になろうとしているころだったでしょうか、ハーネスをつけていても私の指示にまったく反応しなくなってしまったのです。だいたいがおとなしくてあまり感情を外に出す子ではありませんでしたが、その傾向がますますひどくなったのです。たとえば『ブリッジ（階段）』と指示を与えても、まったく知らん振りで通り過ぎてしまうのです。決定的だったのは、駅から家までのあいだをタクシーに乗った時です。家に車が着いても、ドアが開いても、まったく気がつかないで眠りこけているのです。体をたたいてたたいて、やっと目が覚《さ》める。こんなに外出が負担《ふたん》なんだわと思った時、本格的にリタイアを考えました」

「それで盲導犬訓練所に連絡をしたのですね」

「ええ、そうしたらすぐにお迎えがきたのです。それはもう、本当にすぐでした。『ああ、電話しちゃったけれど、どうしよう……』なんて迷っていることもできないほどに」

「手放す時、クッキーちゃんの様子に何か変化はありましたか？　そのお迎えの車に乗るのを、いやがったりはしませんでしたか？」

私のこの問いに、野口さんは短く笑って、「いいえまったく。後ろも振り返らずにピョンと飛び乗りました」と答えました。

それから野口さんは付け足すようにポツリと言いました。

「そのあっさりとした別れが、その時の私にとっては、かえって救いでした……」

そう言ったあとで、またしばらく黙ってしまった野口さんでしたが、「その後、二頭目の盲導犬とはうまくゆかず、ほんの少し生活しただけで、すぐに手放してしまいました」と、言葉少なく言いました。

わが家も、一三年間一緒に暮らしたベルナが亡くなったあと、三カ月後に夫の幸治さんが肺ガンで亡くなるという、本当に思いがけないことが続きました。

そしてやはり、二頭目の盲導犬ガーランドとのドタバタ生活の日がありました。

ガーランドと小学六年生の幹太がことごとくぶつかり合って、お母さんの私もその渦に巻き込まれて、いつでも頭が混乱してしまいそうな状況でした。

幹太は「こんな犬は盲導犬ではない！」と泣き叫ぶし、ガーランドはお母さんの私の気持ちを試すために自分の排泄物《はいせつぶつ》さえ食べてしまうし、心痛むほど悩んだ私の日々がありました。

「娘が結婚で家を出てゆきましたし、私自身も離婚することになって家を出ました。そんな大きな生活の変化の中で、手放したクッキーのことが思い出されてしかたがありませんでした。会いたいと思いました。それで盲導犬の訓練所に思いきってお願いをしてみたのです」

「幹太とガーランドに挟まれてつらかった日々に、私も毎日のように、ベルナに会いたい、夫に会いたいと思いました」

苦しかった日々を思い出して、私も言いました。

「リタイアから一年過ぎたころに、私はすでに三番目の盲導犬のモモと生活していたのですが、その願いがかなったのです」

「それでクッキーちゃんに会いにゆかれたのですよね。その時の様子はどうでしたか?」

私の問いにまたもしばらく黙っていた野口さんでしたが、クッキーに初めて会いにいった時のことを思い出しているようでした。

「清水さんのレストラン〈ロブロイ〉に行ったのですが、そこのリンゴ畑でほかの犬たちとクッキーは元気よくかけ回って遊んでいて、ああ、もうすっかり普通の犬になったんだなーと、そして〈清水クッキー〉になったんだなーと思いました。ちょっぴり寂しかったけれど、でも同じくらい安心もしました。それに何より、これからはこの盲導犬のモモとの日々を大切に生きてゆこうという、私自身の踏ん切りがつきましたから。だから、リタイアしたクッキーに会いに来てよかったと心から思いました」

と、野口さんはキッパリとした語調で言葉の最後を切りました。


私とペリラが上田駅で新幹線を降りて改札口を通り抜けると、「ようこそ、いらっしゃい」という笑顔が迎えてくださいました。

清水さんとそろって駅舎を出ますと、信州上田の空はすでに秋が始まろうとしている気配です。

野口さんの話をH駅の喫茶店で聞いた後、暑い夏の季節が過ぎた信州上田を私とペリラは再び訪れたのです。

先日野口さんと話をしていて初めてわかったのですが、いま清水さんのところにリタイア犬として暮らしているモモは、かつて野口さんの三番目の盲導犬だったというのですから、驚いてしまいました。

上田に前回おじゃました時、清水さんのところには、たしかにリタイア犬モモはいましたが、その犬が野口さんの盲導犬だったとは……。

彼女がこのあいだに離婚をしていて姓が変わったことをすっかり失念していた私は、そのことに気がつかなかったのです。

私とペリラが清水さん宅のリビングに入ってゆくと、まるでブタちゃんのように太ったモモがかけ寄ってきて、ペリラをその力ではねのけ、私に体をすり寄せて甘えます。

「まあまあ。モモちゃんは、まるでコロコロドンゴロさんだわね」と笑うと、ますますうれしそうに甘えるのです。

「上田に引っ越して、それまでの犬たちも一頭また一頭と亡くなって、だんだん寂しくなってきたころに、野口さんが一〇歳になったモモをリタイアさせるのでぜひ、ということになりましてね」

人なつこいモモは、いつまでもいつまでも、ペリラが困ってしまうほど私の体にまとわりついていましたが、やがて少し落ち着いたのでしょうか、清水さんの足元にダウンしました。

「だいたいが甘えん坊な子なのですが、こちらも犬の数が少なくなったせいか、ついつい甘やかせてしまいましてね……。だからこんなに太ってしまってね」

リビングのテーブルに向かい合った清水さんは、微笑みながらモモの大きな頭をなでています。

リタイア犬ボランティアの清水さんと出会い、そして親しくその生活に触れさせていただいたことによって、盲導犬と生活しながら物書きを生業《なりわい》としている私は、何とかこの話を一冊の本にしたいという願いを抱きました。

長野のレストランに、そして長野の、あるいは上田のお宅へと何回もお訪ねをして、その生活に触れるたびに、願いはますます強いものになってゆきました。

その企画を胸にしての今回の訪問だったので、向かい合っている清水さんの心にそっと言葉を投げかけるように、質問をしてみました。

「クッキーちゃんから始まった清水さんのリタイア犬ボランティアでしたが、ずいぶんたくさんの犬たちと生活をして、そしてずいぶんたくさんのその死を看取《みと》りましたよね」

しばらくの沈黙ののち、「そうですね、ずいぶんたくさんの……本当にずいぶんたくさんの看取りをしましたね……」と、答える声に淡《あわ》さがにじんでいるように思い、私も小さくうなずきます。

「こんなに大きな体なのに、亡くなって骨になってしまうと、みーんな小さな骨壺《こつつぼ》に入ってしまうんですよね……。その、まだ暖かさの残っている骨壺を抱いた瞬間が、何回味わっても一番寂しいですよね……」

清水さんが静かな声でそう言います。その声に私はただ深くうなずきました。

ふたりのあいだに何も語る言葉はありませんが、黙っていることでたくさんの思いを伝え合っているような、そんな時間が流れてゆきました。

私も、ベルナの骨壺を抱いた時を、ガーランドのその時を、そして胸にしみ渡った骨壺の暖かさを思い出していました。

清水さんもさまざまな犬たちとの別れの時を思い出しているのでしょうか、そっと窓の外を眺めているようです。

「長い子で五年ほど一緒に生活する日々、短い子ならほんの数カ月ですが、どの子にも最期の別れの時には、こんなふうに声をかけてあげることにしています……。『幸せだった？』とね……」

つぶやいた声は涙で濡れていました。

そして私の頬にも、とめどもなく涙があふれて、流れ落ちてゆきます。

窓から夕日が差し込み始めたのでしょうか、その涙で濡れた私の顔に日差しが強く当たり始めました。

「信州上田の夕日は、きれいでしょうね」という私の言葉に、清水さんの優しく微笑んだ声が、「ええ、きれいですよ」と短く返ってきました。

4章　それぞれのリタイア

大切な存在だからこそ、自分なりの〝こだわり〟で

東京では桜の花が散り終わった平成一五年の四月半《なか》ば、ある盲導犬関係の会合で私は久しぶりに水出智津《みずいでちづ》さんに会いました。

一目瞭然《いちもくりょうぜん》という言葉があるように、目の見える人はその会場に入るや、誰がどこの席にいるのかがすぐにわかりますが、私たち目の不自由な者にとっては、それはまったく不可能なことです。

そこで、目の見えない人たちの会合は、きまってその部分を補うために最初にまず自己紹介で声を出し合うことから始まります。

その時も、会が始まってしばらく主催者側のあいさつが続いた後、はじの席から出席者全員へとマイクが手渡されてゆきました。

そして聞き覚えのある声の女性がマイクを握ってしゃべり始めたので、それまで誰が出てきているのかを知らなかった私は、「あら水出さんだわ」と、少し離れたテーブルで懐かしく思いました。


彼女と私は、かつて盲導犬の共同訓練を同じ部屋で寝起きしながら一緒に受けたという、〝訓練生仲間〟です。

それは平成六年七月のことで、この年はあっという間もなく梅雨が上がってしまった〝空《から》梅雨《つゆ》天気〟の年でした。

七月の初めに訓練が始まったのですが、すでに猛暑の毎日。ギラギラする太陽の日差しを浴びながらの訓練は、人間も犬も、ただただ暑くて暑くてというものでした。

私は二頭目のガーランドの、そして彼女は一頭目のグロリアの訓練でした。

この平成六年という年は、わが家にとって最悪な年回りだったのでしょうか、まだ半年が過ぎたばかりだというのに、三月に最初の盲導犬ベルナが亡くなり、そして六月に夫が肺ガンで亡くなるというように、ふたつも大きな悲しみがたて続けに起きていました。

夫が亡くなるまで専業主婦だった私でしたが、小学六年生の幹太との生活を立て直すために、「働くお母さんになる」という一大決心をしての、二頭目の盲導犬ガーランドとの共同訓練でした。

それは、ひとりぼっちになってしまう小学六年生の幹太を友人の家に預かってもらい、そこから学校へ通わせてもらい、まだ納骨《のうこつ》の終わっていない、夫の生々《なまなま》しいほど真新しい骨壺を留守宅に置いたままでの訓練への出発です。

悲壮感漂う私とはまったく対照的だったのが、同室になった水出さんで、猛暑の中でグロリアとの訓練を受けている彼女は、あと数カ月でお母さんになる、お腹の大きな妊婦さんでした。

訓練が休みになるとご主人がいそいそと面会にやってくるのですが、ふたりのあいだにはまだ新婚ムードが漂っていて、お母さんになる喜び、お父さんになる期待でいっぱいというような雰囲気でした。

マイクを握って自己紹介をする水出さんがパートナーの盲導犬の名前を告げた時、「あれー、グロちゃんじゃないんだわ」と私は思いました。

会合が休憩時間に入って、洗面所近くの廊下で二頭目の盲導犬ヴィブリナと一緒の水出さんにバッタリ出会いました。

「グロちゃんはどうしたの？」

何気なく私はたずねます。

「ああ、あの子はリタイアさせたの。いろいろあったんだけれど……」

周りにたくさんの人たちと盲導犬たちが動いています。

ペリラは〝犬ニガテ盲導犬〟という特殊事情の持ち主ですから、知らない犬たちが自分に近づいてくることをとてもいやがります。それで立ち話はほんの短いもので切り上げて、私は自分のテーブルにもどったのですが、しかし言いよどんだ彼女の声が何となく心に引っかかって、指を折って数えてみました。

ガーランドは三歳二カ月で急性白血病のために亡くなってしまいました。そして私は三頭目の盲導犬ペリラと暮らしていますが、でもまだガーランドが元気なら、今年の誕生日で一一歳になるはずでした。

そして、たしかグロリアも同じ年齢だったから……と。

私は彼女の言葉の中にあった「いろいろあったんだけれどね」のもっと具体的な話を聞きたいなーと、その時不思議なほど強く思いました。


五月のさわやかな風が頬に快《こころよ》い日でした。

私とペリラは乗って来た電車をK駅で降りて、改札口に続く階段を上がってゆきました。日ごろ犬ニガテのペリラですが、盲導犬と待ち合わせの時には、出会う瞬間だけ強く反応して、うれしそうにそちらへ向かおうとします。しかし改札口を出たものの、今日のペリラには何の変化も見られません。

私は立ち止まってキョロキョロ周りを見回してから、「あれー」と思いました。

先日の電話での約束では、そこで待っていてくださることになっていた水出さんなのですが、どうもいないようなのです。

それならしばらく待ちましょうと、改札口を出たところで行き交う人の迷惑にならないようにペリラと立ちましたが、しかしなかなか彼女は現れません。

「どうしたのかしら……。たしかK駅改札口だったはずなんだけれど……」

私はだんだん不安になってきて、ついに彼女の家へ電話をかけてみました。

「えー、今日だったの？　うっそー、明日だとばかり思っていたわ」

どうも今回の行き違いの原因は私にあったようでした。

約束した日時を自分の頭の中だけで合点《がてん》してしまっていて、彼女に電話で伝えた約束の日が一日ずれていたようなのです。

それでも「犬のブラシかけをしていたんだけれど、いいわ、すぐに行くから待っていて」と、いつものように明るく答えてくださる声で電話は切れました。

まもなく息をハーハーとはずませた水出さんが盲導犬のヴィブリナと現れて、私たちは駅近くのパン屋さんの二階の喫茶店に入ることになりました。

「グロリアはだいたいが左後ろ足をちょっと引きずる子だったのよ。だから、のんびりのんびり歩く。それが、お腹が大きかったり、ふたりの子どもを育てたりするにはちょうどよかったんだけれど……」

向かい合ってテーブルについて、それぞれの犬をダウンさせると、コーヒーを飲みながら水出さんは話し始めました。

「ところが七年間生活していって、九歳になろうとしているころから、その左後ろ足がとても具合が悪そうになったのよね。バスの三段ステップの最後が時々ズルズルーってなりそうになったりね。それで指導員の先生に歩き方を見てもらったところ、リタイアの方向で考えましょうという結論が出たの」

共同訓練生活は、私たち人間にとってもつらくて苦しい日々ですが、一緒に訓練を受ける犬たちにとっても、それはつらくて、そして真剣な日々です。

その中で何よりの楽しみは、人間も犬も食事のひとときでした。

全員の午後の訓練がひと通り終わると、まず犬たちの食事タイムが始まります。

ベッドチェーンを外して、引き綱に取りかえて待っていますと、「食事の準備ができましたか？」という声が廊下からかけられます。

「はい、だいじょうぶです」と答えると、食器を持った担当指導員が部屋に入ってきます。

この食事タイムももちろん訓練の中のひとつとして組み込まれているのですから、私たちも犬も緊張の瞬間です。

「シット（おすわり）」という指示語、そしてそれを確認して「グッドグッド（よしよし）」、それから（わー、ごはんだ、ごはんだー）とうれしさの余り、前つんのめりになりかかっている犬の気持ちを抑えるために、「ウエート（待て）」と指示を与えるのです。

目の前に食器が置かれ、それからころあいを見て私たちが「オッケー（よし）」と犬に告げると、楽しい、そしてあっという間に終わってしまう、一日にたった一回の犬たちの食事が始まります。

この食事タイムで私には、同室だったグロリアの忘れられない思い出がありました。

同じ部屋に寝起きしているガーランドとグロリアですから、当然一緒の食事タイムになるはずなのですが、なかなかそういうわけにはゆきません。

指導員がドッグフードの入った食器を持って部屋に入ってくるや、それまでとってもおりこうさんでシットの姿勢をしていたグロリアが、あまりのうれしさにピョンピョンとはねてしまうのです。

「水出さん、チョーク！（叱って）」と指導員の鋭《するど》い声が飛びます。

チョークとは、引き綱を一瞬強く引くことで犬の首についているネックチェーンを瞬間的にしぼって衝撃を与える、そしてその与えた衝撃によって犬に注意を促すというものなのです。

すでにガーランドが食器に口をつっこんで食べているのに、グロリアはまたまたシットからはじまってウエートで、それからオッケーと、楽しい食事が少し遅れてしまう、それが毎日のように繰り返されるのでした。

「グロちゃんって食いしん坊だから、うれしさがおさえきれないのよね」

と、水出さんはそれでもグロリアの頭をなでながら毎日言っていました。

そのグロリアの後ろ足に、訓練の段階からすでに少し問題があっただなんて……。私はあの暑かった日々を思い出していました。

水出さんが「のんびりのんびり歩く」と言ったように、グロリアは訓練の時から全ての動きがスローな子で、ワンツーにも誰よりも時間がかかりました。

訓練の後半には、カップリングで歩くという訓練がしばしばありました。カップリングとは、少し時間差を持ってスタートしてある一定の場所までたどり着き、そのあと後ろから来るのを待っていて、またどちらかが先に出発してゆく、これを繰り返してゴールにたどり着くというものなのですが、水出・グロリアチームと組むと、しばらく待っていないとやってこないということが、そういわれればあったなーと……。

しかしまた、こんなことも懐かしく思い出されました。

その日の訓練は吉祥寺《きちじょうじ》の駅前を歩くものでしたが、午後に入ると午前中の第一回目の時とはガラリと異なって、露店商《ろてんしょう》がお店を出していたり、路上パフォーマンスの人たちの周りに若者たちが集まっていたり、大にぎわいの夕暮れの街です。

私とガーランドはその人ごみの中に迷い込んでしまい、惨憺《さんたん》たるもので、やっとのことで訓練所へもどってきました。

そんな私たちと入れ違うように、水出さんとグロリアが出発してゆきましたが、さてこのチームがなかなか帰ってこないのです。当然、犬たちの食事もおあずけ状態です。

そして、やっと帰ってきた水出さんは、大きなお腹をフーフーさせながらも、とてもうれしそうです。

「あのね、グロちゃんってのんびりのんびりだけれど、集中力はすごいのよ。だって、まったく周りの騒動なんておかまいなしで、ゆっくりだけれどずーっとマイペースで歩いていってくれるんだもの」

ガーランドの場合は、すごい騒音と、昼間歩いた雰囲気とまったく異なっているのにすっかり興奮してしまって、あっちこっちで思いがけないハプニングの連続でした。

「そう、グロちゃんはグッドグッドだったんだね」

そう言いながら、私はチョークの連続だったガーランドの様子を思い出して複雑な気持ちでした。

ゆっくりゆっくり歩くのは、後ろ足に問題があったためだったのだわと、私は今さらながらの納得でした。

パン屋さんの喫茶室なので、周りがおいしいにおいと、お昼ごはんの人たちで、にぎやかになってきました。

私たちもランチメニューを注文して、運ばれてきたサラダを食べ始めました。

「グロリアと生活し始めたころから、私はずーっと考えていたのね。最後まで盲導犬として働いてもらうのではなくて、ある年齢がきたら、まあ一〇歳から一一歳がひとつのメドで、リタイアさせようかな、と」

ベルナ、ガーランド、そしてペリラと、盲導犬とずっと一緒に暮らし続けてきた私でしたが、一回もそんなことを考えなかった私は驚いて聞き返していました。

「えー、それはどうしてなの？」と。

「『ありがとう』とリタイアをさせて、余生は思う存分に犬としての生活を楽しませてあげたい、そんなふうに思っていたのね。でもそれにしても、九歳はちょっと早かったんだけれど……。盲導犬の訓練所で正式にリタイアという結論が出て、それならどうしようかと、そこから真剣に考え始めたの」

「最初からリタイアということを頭に置いてグロちゃんと生活してきた水出さんは、そうなっても寂しさはなかったの？」

「ええ、でもそれは具体的にリタイアということがよくわからなかったからだと、今になってみれば思うんだけれど……。体験したことがないってことは、頭の中ではそうなったらつらいだろうな、悲しいだろうなと、想像はするんだけれど……。でもその時はそれくらいの感情でしかなかったのよね」

かつて訓練所で初めて出会った時の彼女の第一印象は、とてもさわやかな、そして聡明《そうめい》な人というものでした。

あれから九年、目の前にいる彼女は少しも変わらないで、やはりさわやかで聡明な、ふたりの男の子のお母さんになっていました。

「リタイアさせるってこと、グロちゃんのいるところで誰かに話した？　その時のグロちゃんに何か著《いちじる》しい変化がなかった？」

この質問をする私には、懐かしくて、そして忘れられない思い出がありました。

最初の盲導犬ベルナの目が白内障のために見えなくなってしまい、一一歳になった時、獣医の先生に「盲導犬としては限界を越えている」と言われてしまいました。

私の頭の中には〝リタイア〟という単語さえなく、ベルナとの生活の中で彼女を手放すことなど考えたこともなかったので、突然この現実を突きつけられて、とてもうろたえ、迷い、そして悩みました。

そんなころのある日、私とベルナが友人のところに遊びに出かけて、なんとはなく話題がその直面している問題に移っていった時でした。

私と友人のあいだに入ってすっかり熟睡しているはずのベルナが、突然起き上がったのです。そして私の胸に抱きつく勢いで、顔を舐め始めました。

(いやだよ。お母さんいやだよー!)

まるでそう訴えているかのようなベルナの体を抱きしめて、「ああ、この子を手放すことなど、とてもできない!」と、私は強く思いました。

だからその時にかみしめた思いを思い出しながら、彼女にたずねてみたのでした。

「うーん……」としばらく水出さんは考えていましたが、当時のことを思い出しながらというように、やがてこう言いました。

「グロリアって、とても穏やかな子だったので、感情をストレートに出すようなことってあまりなかったのね。今思い出してみれば、たしかに『お母さんとは、さよならなんだよ』と彼女には言ったけれど……。そういう意味でのグロリアの気持ちまでは、よくわからなかったというのが本音かな……」

と、言葉の最後はつぶやくように口を閉じました。

小学校と幼稚園へ通うふたりの男の子を置いて三週間の訓練に出るのですから、それ以上にお母さんとしての水出さんの気持ちは大変だったろうし、そしてそのための準備もとにかく大変だったのだろうと、私もかつて幹太をひとりで置いて出かけなければならなかったことを思い出しながら、うなずきました。

「リタイアの準備段階に入ってまず考えたのは、グロリアのリタイア先を探さなければならないということだったわ。それがとにかく頭にあったから、グロちゃんを手放すという感傷《かんしょう》にふける余裕がなかったのかもしれないわね」

と、彼女は言います。

おぼろげな知識しか持たない私は、リタイア先は登録されているリタイア犬ボランティアさんの中から訓練所が選んで決めるのだとばかり思っていました。

だから、「あれ？　自分で探さなければならなかったの？」と、思わずたずねていました。

彼女が語るグロリアの思い出話の随所《ずいしょ》に「とても穏やかな子だった」との表現がありましたが、彼女自身が穏やかで、何事をも冷静に判断できる人柄です。

微笑を持って語ってくださるひとつひとつのエピソードに聞き手の私も引き込まれて、そのひとつひとつの映像が頭の中に鮮明に浮かんでくるようでした。

そしてこの日の三時間ほどの語り合いの中で、彼女の言葉に特に力が入ったのは、私のこの問いに対してだったように思います。

「ふたりの子どもたちを育てるのに、目の見えない私にとって何といってもグロちゃんの存在は大きかったわ。だから手放すについては、私なりの〝こだわり〟がひとつだけあったのよね」

彼女はそう言うと、ひとつ間を置くように、テーブルのコップを持ち上げて水をゴクリと飲み、私も同じように水をひと口飲みました。

「それは、訓練所から言われたところに手放すなんていや、グロちゃんのリタイア先は自分で納得できるお宅にお願いする、ってことなの」

水出さんはキッパリとした語調で言いました。

「長く一緒に暮らしてきた子だもの。この人だったら、この家族の中だったら、グロちゃんも余生を楽しく過ごせる、幸せになれると、自分で納得できる人に託《たく》したかった」

「ああ、そうなのよね」というように、私も何回もうなずきます。

白内障で盲導犬としては限界だからと、強くベルナのリタイアを勧められても踏み切れなかった私の気持ちが〝母親〟のものであったように、自分で納得できるところにリタイアさせたいと願った彼女の気持ちもまさしく〝母親〟のものだったのだわと、私は足元でおとなしくダウンしているペリラの頭をそっとなでてあげながら思ったのです。

「でもね、やはり決心してから、それからが大変だったのよ」

と、微笑を含んだ彼女の声は、先ほどよりはるかに明るいものに変わっていました。

「いろいろなところで、『グロリアがリタイアするんだけれど、誰か引き受けてくれる人はいないかしら』と言いながら、とにかくできる範囲内でアンテナをはりめぐらせていたら、見つかったのよね。前からの知り合いだったけれど、リタイアを考えてお付き合いをすればするほど本当にピッタリな人、そして理想的な家族。そしたらなんと先方から『グロリアのリタイア先、私たちの家ではどうですか?』と言ってくださって」

そのリタイア先にお願いした加賀山《かがやま》さんのご家族は、ご夫婦に高校生の娘さん、そしてグロリアより二歳年下の黒ラブのロンという家族構成でした。しかし、何よりそのペット犬のロンがだいじょうぶだろうかということが最大の問題だったということでした。

「それでロン君と仲良しになれるかどうか、〝お見合い〟をしてみたらということになって、すぐにグロリアと加賀山さんのお宅へ遊びにいったのね。そうしたら、ロン君とグロちゃんはどっちも特別お互いに感心を持つわけでもなくて、ちょっとだけ意識しあったあとはまったく自然体、どっちもマイペースだったので、これでだいじょうぶということになって、その日のうちにリタイアは決定だったの」

その時はまだリタイアということに実感がなかったので、ただただリタイア先が決まってよかったという気持ちだけだったと、水出さんは続けました。

その後二、三回グロリアと共に加賀山さん宅を訪問し、家族のみなさんにも慣れるように準備を進めていったということでした。

こんなふうにグロリアのリタイア先は決まったものの、お母さんである水出さんには、もうひとつ何とかしなければならない大きな問題がありました。

それは、訓練のあいだ留守番をさせなければならないふたりの幼い男の子たちをどうするかということです。

「それが一番、頭が痛い問題だったわ……」

当時を思い出したように、水出さんはため息まじりで言いました。

とにかく盲導犬の訓練は三週間、あるいは四週間のあいだ、母親の彼女が家をまったくの留守にしなければならないのですから……。これは子育て真っ最中で、代わりに子どもたちの面倒を見てくれる人のいない家庭の場合には大問題になります。

「訓練の日が決まるまでには何とかしなければ、もうグロちゃんは限界だし……と、本当に頭が痛くなるほどいろいろな方法を考えたのよ」

ため息まじりの声は続きました。

私も同じ問題に直面して、悩んだ経験がありました。それで水出さんの「頭が痛くなるほど考えた」という実感のこもった言葉に、「そうだった、本当にそうだったわ」と、いつの間にか大きくうなずいていました。

ベルナが亡くなって、夫が亡くなって、いよいよ二頭目の盲導犬の訓練に出かけなければならなくなりましたが、幹太はまだ小学六年生です。ひとりで留守宅に置いてゆけるわけもなく、そして学校へも通わさなければなりません。友人のSさんのところで幹太の面倒を見てあげると言ってもらった時には、思わず彼女とご主人に手を合わせたくなるほどの感謝でした。

しかしすぐにそのガーランドが白血病で亡くなってしまい、またその翌年に三週間の訓練に出かけなければならなくなってしまいました。

再度中学一年生の幹太をSさん家族にお願いしたのですが、そしてSさん家族も快くその願いを聞き届けてくださったのですが、それでもとても心苦しかったことが鮮明に思い出されたのです。

「パパにはもちろん、グロちゃんのリタイアについて話をしたり相談をしたりしていたけれど、ふたりの子どもたちにはまったく言っていなかったの。そして母親の自分が留守にするあいだ、子どもたちの生活をどうしたらいいのだろうかといろいろ考えていたの」

こう語る水出さんの声は、平成六年のお腹が大きかったころのものとはまったく違っていて、まさしくふたりの男の子の母親のものでした。

いろいろな可能性を考えてみたけれど、とにかく夫の母親、おばあちゃんに来てもらう、それが一番良い方法だということになりました。

それで高血圧の持病のあるおばあちゃんの一番体調の良い時期に訓練の時期が合わせられるようにと、最初に回ってきた訓練の順番は「冬だったから」という理由で自らキャンセルをしてしまったということです。

でもグロリアの様子に、そして出かける時に握ったハーネスの動きに、もう盲導犬は限界なのだということが現れていたので、とても心は焦ったと、水出さんは言います。

「それはどんなところに一番現れたの？」

「そうね、お出かけの時にはそうでもないのよね。そこはやはりグロちゃんは盲導犬だから、とてもうれしそうにハーネスを付けさせるのだけれど、少し歩くとすぐにのろのろグズグズ、そして時にはクタクタになってしまって……。帰り道はその様子がもっとひどくて、ああ疲れてしまっているのだ、『もう盲導犬は限界だ！』とグロちゃんの体が叫んでいるのだと……。それはやはり、つらかったわ」

そして次に訓練の順番が回ってきたのは次の年、平成一四年の九月だったということです。

「グロちゃんはすでにその年の六月に一〇歳の誕生日を迎えていたので、この機会を失うわけにはゆかないと強く思ったし、それに上のお兄ちゃんも小学三年生、下の子は幼稚園の年長さんになっていたから、もうだいじょうぶかもと、とにかく決心をしたのよ」

いよいよリタイアさせるつらい時期に話が進んでゆくことになって、私も、水出さんも、お昼ごはんの最後のパンのひと切れを飲み込んで、心の準備にとりかかりました。

「おばあちゃんもだいじょうぶということになって、そこでひそかに出発準備を進めていって、いよいよふたりの子どもたちに納得させなければならないところまでいったんだけれど、やっぱりここでゴネられたら大変という心配があったのね。それで、お兄ちゃんには少し前に、グロリアを手放すことを、そしてママは新しい犬との訓練に出かけてゆかなければならないということを話して聞かせたの。そしたら実感のないまま『ふーん』と意外なほどあっさりとした答えを返してくれて、それはそれで安心したんだけれど……」

問題は幼稚園に通う下の子の方で、いろいろ考えた結果、当日の朝、それも幼稚園の園庭で「ママはしばらくいなくなるけれど、おばあちゃんが代わりに来るからね」とあわただしい時間の中で伝えたということです。

「この作戦は一応成功して、〝幼稚園大好き。お友達大好き〟なので、よく意味もわからないままにバイバイをしてくれて、それでホッと肩の力を抜くことができたの。とにかく難関をひとまず突破したという気持ちだったわ」

と、水出さんは当時のことを思い出したのか、ホーッと息を吸い込んで、そしてフッと笑いました。

そして、張り詰めていた気持ちがプツンと切れ、ドッと涙があふれてきたのは、グロリアと荷物を持って電車に乗り込んでからだということです。

「とにかく泣けて泣けて……。人目もはばからずに、とにかく泣き続けて電車に揺られていたのよね……」

でも、訓練所の最寄《もよ》り駅には水出さんとグロリアを迎えに加賀山さんが来てくださっているはずだから、ここで泣いていては、メソメソしている姿を見せたら申しわけないと、心の整理をつけて、気合《きあい》を入れて、とにかく笑顔で改札口は出たという、実に彼女らしいエピソードも話してくださいました。

「普通、リタイアというと、訓練所の玄関を入ったところで、職員の人に引き綱を手渡して、そのままさよならになってしまうんだけれど、それでは絶対にいやだったのよね。グロちゃんを手放さなければならないけれど、お母さんは納得できる新しいお母さんにあなたを託すのだからね、というこだわり――ほかの人にはそれって理解できないかもしれないけれど、そして笑っちゃうかもしれないんだけれど――でもそういうこだわりがあったのよ」

最後まで自分の気持ちを貫《つらぬ》き通したかった水出さんは、加賀山さんに「訓練所には車でグロリアを引き取りにきてほしい。そしてその車は訓練所に置いて、最寄り駅まで徒歩で出てきてほしい」と、事前に頼んでおいたのだそうです。

最寄り駅から訓練所までは自分とグロリアとの最後の歩き、グロリアにとって最後の盲導犬としての姿なので、それは新しいお母さんに見守っていてほしかった、そして訓練所の玄関を入ったところで、グロリアのハーネスを自分の手で外してあげ、「長いあいだ、ありがとう」と頭をなでてあげて、それから引き綱を新しいお母さんに直接手渡したかったのだということでした。

「私から去ってゆく耳慣れた足音を聞きながら、『グロちゃんを捨ててしまったのかも』という気持ち、『これでいいのだ』という気持ち……とってもとっても複雑だった。きっとあの気持ちはこれからも一生忘れられないと思う。それでもう、耐えきれずに、とにかく涙、涙だったのよ……」

ついに聞き手の私の頬にも涙が流れ落ちてしまいました。

リタイア犬になったグロリアの新しいお母さん、加賀山訓子《くにこ》さんに会ったのは、水出さんの話を聞かせてもらった年の師走《しわす》、クリスマスソングが街に流れ始めたころでした。

前の仕事が押せ押せになって、約束の時間を過ぎてしまった私とペリラが、新宿駅の混み合う改札口を出ていくと、その人ごみの中に加賀山さんの笑顔がありました。

連れ立って入った駅近くのレストランにもホワイトクリスマスのメロディが流れていて、静かな雰囲気の中で話し合いは始まりました。

「グロリアを引き取るにあたって、始めは私も夫も、そして娘も、それぞれの立場で、それぞれの心に不安を抱いたのです。私が一番心配だったのは、ずっとペット犬として一緒に生活してきたロンがだいじょうぶかということでした。そして主人は、二頭の犬と生活するようになって私の体がきつくなるのではないか、あるいは精神的につらくなるのではないかと、それを心配してくれました。そして高校生だった娘は、小学四年生の時からロンと一緒に暮らしていたわけですから、新しく家族になるグロリアをロンと同じくらいかわいがることができるかを心配していましたね」

「やはり家族が増えるわけですから、引き取る方にも考えなければならない、いろいろなことがありますよね」

「でも〝犬大好き家族〟ですから、二頭の犬たちと一緒に暮らすことには、まったく抵抗はなかったのです。なので、グロリアがロンとさえうまくゆくようだったらぜひ引き取ろう、わが家の子どもになってもらおうと、意見は一致していたのです。それでまず水出さんにグロちゃんと来てもらって、ロンとグロリアを会わせてみたのです」

「ああ、それが〝お見合い〟ということなのですね」と、私は笑いながら「そのお見合いのことは水出さんに聞きましたよ」と言いました。

「そうそう、お見合いです。お見合いをさせてみたのですよ」

加賀山さんもにこやかに微笑みながらうなずきました。

生後まもなく加賀山さん家族が飼い始めたロンは黒のラブラドール、グロリアより二歳年下の男の子だということです。

「最初に二頭が出会ったのは、それぞれ九歳と七歳の時ですから、年齢的にもどちらの犬も落ち着いていたし、それに同じラブラドールで男の子と女の子だったので、ロンはロンのペース、そしてグロリアはグロリアのペースで、二頭の関係はまったく問題がないように思えたのですよ。実際に引き取るまでのあいだにも少し時間がありましたので、水出さんには二、三回グロちゃんと遊びに来てもらい、ロンとの関係も少しずつ慣らしてゆきましたし、私とも主人とも、ワンツーに出たり、ブラッシングをしたりして、徐々にわが家の生活に慣れるようにもしましたので」

「それでは、加賀山さんの心配したロン君とグロちゃんとの関係は、まったく杞憂《きゆう》に終わったのですか?」

熱いコーヒーが運ばれてきて、それを口に運びながら私はたずねます。

「うーん……」としばらく言葉を選んでいるようでしたが、やがて「それがそうでもなかったのですよ。やはり人間の考えと、犬の思いは違うんですよね」と言って、「あはは」とおかしそうに加賀山さんは笑いました。

「グロリアは、生まれた家からパピーさんのところ、そして訓練所に帰ってから水出さんのところ、そしてわが家ですから、新しい環境に慣れるということについては、何回も経験をしてきているのですが……。でもロンは、赤ちゃん犬のころにわが家にやってきて、それからずーっと自分一頭だけという生活でしたから、やはり〝遊びにくるグロリア〟と、〝一緒に生活するグロリア〟とでは、彼の心の中ではちょっと違っていたのですね。落ち着かなくて、精神的にも負担だったのでしょうか、膀胱炎になってしまって……。そんな不安定な状態が一カ月くらい続いたのです」

「それって、人間にはわからない犬の心の複雑さだったのですね」

かつて動物関係の仕事をしている人から、犬とネコの精神構造の一番の違いは、「犬は単純、ネコは複雑」だと聞いたことのあった私は、へーと思い、このロンの心の反応にとても興味を持ちました。

「こちらもその微妙さにすぐに気がついて、細心の注意を払ったのですよ。頭をなでる時には、両方の手でどっちも同時に、おやつも食事も、まったく公平にとね。でも愛情は分散しますものね。ロンにしてみたら、どこかでがまんしなければならないところもあったのでしょう。ロンは子犬時代、とってもいたずらっ子だったのですが、一応それは成犬になって治《おさ》まっていたのです。それがすっかり復活でした。妹や弟が生まれた人間の子どもにも〝赤ちゃんがえり〟という状態がありますが、ロンもまったくそれでしたね」

「へー。いたずらの数々は、やはり『お母さん、こっちを見て、ボクのことだけ見ていて!』というロン君のせつない訴えだったのかしら」

「そうですね、きっと」

私の問いに加賀山さんは深く何回もうなずきました。

「ロン君は精神的に動揺《どうよう》してしまって、膀胱炎になったりいたずらをしたりだったのですが、一方のグロちゃんの様子はいかがだったのでしょうか?」

「うーん、それもやはり大変でした。ワンツーの時にはちゃーんと排泄するのですが、気がつくと敷物《しきもの》の上におしっこのおもらしをしてしまうのです。最初のうちは、やはり寂しいのかなーと様子を見ていたのですが、いつまでもおもらしをするので、これじゃあいけないと、一週間目に『グロリア、ダメじゃないの!』ときつく叱ったんですよね。それからでしょうか、グロリアもやっと心を開いてくれたなー、こちらになついてきたなーと、私の感覚で思えるようになったのは」

「そうですか。グロちゃんは加賀山さんに本当に叱られることによって、お母さんが代わったことを認識して、そして心を開いたのですね」

「きっとそうなのでしょうね。お母さんの私の心を試していたのかもしれないわ。りこうな子だから。ロンは座ぶとんを口にくわえたり、スリッパをかみかみしたりの赤ちゃん犬になってしまうし、グロリアはほとんど動かないで丸くなっている、そんな日々が結局一カ月ほど続いてしまいました。予測ができない状態だったので、私たちとしてはかなり心配をしてしまいましたが、それでも少しずつ、そしてまた少しずつというように、一日また一日、そして一週間、一カ月、というようにでしたね、グロリアがわが家の子どもになっていってくれたのは」

私たちの話題が、長いこと盲導犬をしているとハーネスの跡がつく、背中の毛並みにクセがつくということに移ってゆきました。

「そうですか？　まったく知らなかったわ」

と、うっかり者の私は、改めてその場でペリラの背中からハーネスをはずして確認をしてみます。

だいたいが毛並みの薄いペリラの体ですが、手でなぞればそうかなという程度のハーネスの跡がついていました。

「グロリアの背中には、もっとはっきりとした跡があって、これが無くなるころには、すっかりわが家の子になっているかなーと思っていたのですよ。グロリアも徐々に徐々にわが家の生活に慣れていって、ロンはロンなりにグロリアと一緒の日々に慣れていって、そうしたらいつの間にかハーネスの跡もすっかりなくなっていましたね。そして一年少し過ぎた今は、グロリアもロンもまったく一緒の家族というような毎日です」

そう話す加賀山さんの言葉のひとつひとつに、二頭の子どもたちの様子を心配した母親の気持ちが色濃くにじみ出ているようでした。

「お母さんの加賀山さんとしては、どんな時にふたりは家族なんだと思っているんだなーって実感しますか？」という私の問いに、「グロリアは彼女なりのマイペースでいる自然体の姿に、そしてロンはそんなグロリアを受け入れて、彼なりの生活している姿にですね」と答えが即座に返ってきました。

それから加賀山さんはにこやかな笑顔で、家族そろっての食事の様子を話してくださいました。

「私と主人、そして娘の三人がそろって食卓のテーブルを囲む食事の時には、必ずロンもグロリアもやってくるのですよ。ロンは夫の足元にダウンして、グロリアは私と娘のあいだに挟まってダウンするのです。何だかいつの間にかそこがふたりの定位置になってしまったようなのですが、不思議なことに、三人そろっての食卓でなければ、どちらの犬も近くへやってこないのです」

「へー、それはおもしろい現象ですね」

犬好きな人たちがよく言うことに「犬と一緒に生活する本当の楽しみは、やはり複数の犬たちと一緒でなければわからないんだよ」と。

そんな耳学問を思い出しながら、私は興味いっぱいの気持ちであいづちをうちました。

「だから私たちも、ダウンしているそのおりこうな頭をなでてやったり、食事をしながら足の指先でトントンと体をつついてふざけたり。まさに、みんなで一緒に食事をしているんだ、という感じなのですよ」

その時の二頭の犬たちの、そして微笑む加賀山さんたちみなさんの満ち足りた様子が私の頭の中いっぱいにフワーッと広がってきました。

そうしたらどうでしょうか、私も思わず幸せ気分になってきたのです。

「それに、近ごろ犬友達のみなさんによく言われることに、グロリアの顔つきがとても穏やかになってきたと。やっぱり盲導犬時代はたくさんのものを守らなければならないということがあったけれど、盲導犬をリタイアして今度は守ってもらう立場になったので、体にしみついた盲導犬という肩書きが取り除《のぞ》かれたのでしょうね。

グロリアは何より先に、私たちの家を一番最初に覚えてくれたのですよ。そして散歩に出かけても、とにかく早くお家へ帰ろう帰ろうとするのです。出先からどこかへ立ち寄るなんてことはグロリアの心のノートにはまるで書き記されていないかのようでした。でも、ハーネスの跡が消えてしまったころから、そんなこともだんだんとなくなりました」

加賀山さんは、自分が行きたくない時にはお出かけ拒否体制に入ったり、これは口に合わないよと毎日食べていたドッグフードをある日突然食べなくなってしまったり、そんなほほえましくて楽しいグロリアのエピソードの数々を、笑いながら話してくださいました。

「まあ、そうですか。そんなことが……」

あいづちを打ちながら、それでも心から「グロちゃんよかったね。ふたりのお母さんに愛されて」と、ホッと安堵《あんど》する思いで、その話を聞かせてもらいました。

そしてグロリアが加賀山家に引き取られて三カ月後、水出さんが二頭目の盲導犬ヴィブリナと訪ねてきたことに話が進んでゆきます。

「『どうぞ』とは言ったものの、どうかなーと、とっても心配していたのですが、結果的には心配するようなことは何も起こりませんでした。水出さんに最初会った時はうれしそうに甘えていましたけれど、それはいつもお客様を大歓迎するロンもまったく同じようにしていましたから。ひとしきりグロちゃんもロンも水出さんにまとわりついていましたが、やがてどちらも自分の敷物のところでダウンしてしまいました。水出さんが『さよなら』を言っても、特別な反応はなかったですし、そしてその後の生活にも、特別変わったことは起こらなかったのですよ」

にこやかな笑顔の声が私の抱いた不安を一掃してくれました。

「そうですか。グロちゃんは性格的に切り替えの良い子なのかもしれませんね」

「ええ、そうなのでしょうけれど……。ただ、グロちゃんがまだわが家の子どもになりたてのころ、ハッとさせられてちょっとホロリときたことがあったのですよ」

「まあ、それってどういう？」

思わず私の気持ちもまた引きしまって、身を乗り出すようにたずねていました。

「グロリアって散歩の時、どちらかというとうつむきかげんに歩く子なのです。それが、散歩の途中で自転車に乗っている母子とすれ違ったのですよ。そうですね、まだ幼稚園くらいの男の子だったわね。その子どもさんのちょっと甲高《かんだか》い声が聞こえたんですよ。きっとお母さんに何か言ったのですね。そうしたらどうでしょう、グロちゃんが立ち止まって急にキョロキョロし始めたのです。ああ、前の生活を思い出したんだわ、だから子どもたちの姿を探しているんだわ……。そう思ったら、そのけなげさがたまらなくなりましてね」

「そうですか。グロちゃんがねー」と微笑みながらも私は、ベルナとは〝お姉さん〟としての、ガーランドとそしてペリラとは〝妹〟としての、幹太とのおもしろいまでに密接な関係を思い出していました。

ベルナが私の子どもになって一年数カ月後に幹太が生まれたのですが、最初なかなか赤ちゃんの存在を認められなくて、落ち着かないベルナの姿がありました。

しかし、やがて〝お姉さん〟になったベルナのその自覚はすごいものがあって、それからはいつでも幹太の優しいお姉さんでした。

幹太がまだ保育園に通っていたころ、保育参観に行くと、目の見えないお母さんの私は、子どもたちの動きをただひたすら耳で追いかけるのですが、子どもたちの動きがあまりに激しくて見失ってしまうことがよくありました。

どこにわが子がいるのだろうかと、ついキョロキョロしてしまうのですが、そんな時でもベルナが見ている方向に顔を向けると、必ず幹太の声が聞こえていたものです。

「ありがとう。ベルナはいつでも幹太を見ていてくれたのね」

と言うと、（そんなのあたりまえよ。だって、わたしは幹太君のお姉さんだもの！）というように、長くて太いしっぽをうれしそうにブンブンと振ってくれるベルナでした。

そして、そんなお姉さんのベルナが亡くなってからわが家にやってきた二頭目のガーランドは、まったくやんちゃな幹太の〝妹〟という感じでした。小学六年生の幹太と毎日のようにケンカをするのです。

お互いに気の済むまで家の中を追いかけ回って、そのつどふたりのあいだに挟まれるお母さんの私は、その騒動に巻き込まれて頭が混乱しそうでした。

そして、そのやんちゃなガーランドが白血病で三歳二カ月の短い命を閉じたあとやってきた三頭目のペリラは、とても甘えじょうずな子です。

最初からすんなりと、中学一年生だった幹太兄ちゃんのかわいらしい妹になってくれました。

そして今でもお兄ちゃんが大好き、そのお兄ちゃんのところにやってくるお友達も大好きといった、実に甘えじょうずなペリラなのです。

盲導犬としての本来の仕事と責任はあるものの、こんなふうに家族の一員としての日々を人間も犬たちも重ねてきているのですから、盲導犬の世界からリタイアするということは、犬たちにとって、その大きな責任からの解放であるとともに、一緒に暮らしてきた家族の人たちとの「さよなら」でもあるわけです。

盲導犬のリタイアは、それを受け入れる人間にとっても大変なことなのだけれど、やはり同じように受け入れて、無言で耐える犬にとっても、それは大変なことなのだと、私はしみじみとした思いにとらわれたのです。

しかしそういうグロリアも、加賀山家の子どもになってすでに一年と数カ月。いろいろなことはあったものの、もうすっかり普通の家庭犬の生活になじんでいるということです。

「こんにちは」と訪ねてくるお客さまがだーいすき。大歓迎のあまり、無邪気にお腹を出して（ねえねえ、なでてなでて）と、まったくロンと同じようだと、お母さんの加賀山さんは笑います。

グロリアを受け入れるかどうかを話し合ったとき、「ロンと同じくらい、かわいがることができるかしら」と心配していた高校生の娘さんにも、「グロちゃんはロン君と同じくらいかわいい」と言ってもらえているということです。

「幸せな〈加賀山グロリア〉になってよかったね」と、私は大きな拍手を贈りたい気持ちでいっぱいになりました。

「それがね、とってもおもしろいことがあるのですよ」

と、加賀山さんが最後にいたずらっぽく笑みを浮かべながら語ってくださいました。

「散歩で出会った人に、『かわいらしいですね』と声をかけられることがあるのですが、『この子、盲導犬だったのですよ』と言うと、みなさんとても興味をもってグロリアの頭をいっぱいなでてくださるのです。そして同じラブラドールだからロンの頭もなでてくださって、『この子も盲導犬のリタイアなのでしょう？』とたずねられるから、『いいえ、こっちはただのペット犬なのです』と答えますと、なでている手がさーっと引っ込められて、大はしゃぎしていたロンは、（あららー）になってしまうのです」

「まあ。それはロン君にとって、かわいそうなことですよね」

そう言いながら、私もついつい噴き出してしまいました。

レストランの玄関ドアから師走の街に出ると、そこはすでに夕暮れの街で、冷たい北風が吹いていました。

喧騒の渦巻く中を誰もがコートの襟《えり》を立てて、足早《あしばや》に家路への道を急いでいるようです。

私とペリラも、駅の改札口のところで加賀山さんに「さよなら」をして、その家路を急ぐ人の波の中にまぎれ込みました。

ガーランドの訓練生仲間である新井恵二《けいじ》さんに私とペリラが偶然出会ったのは、平成一六年一〇月の初めでした。

その年も記録的な猛暑の年で、その夏の疲れがやっと取れて、周りの風景が秋一色に変わり始めたころのことでした。

ベーチェット病で失明した私は、ずーっとその病気の後遺症《こういしょう》を持ちながら日常生活を過ごしています。

病状が私の体内で猛威《もうい》をふるっていた二〇代のころ大量に、そして長いあいだ飲み続けてきた副腎皮質《ふくじんひしつ》ホルモン剤の影響がまだ残っていて、季節の代わり目に神経痛様の痛みが全身を駆けめぐることがあります。

さらに年齢によって新たに発病した喘息《ぜんそく》と成人病もあり、私の生活の中に病院通いは欠かせません。

処方される薬だけではなく、近ごろは健康食品も併用して飲むようにしています。

また、ここ二年ほど定期的に鍼治療にも通っています。

その日は病院と、その鍼治療の予約の入っている日でした。

ほとんどの外出はペリラと出かける私ですが、この病院へ通う時だけ〝目〟を必要とする時があるので、ガイドヘルパーさんをお願いすることにしています。

その日もガイドヘルパーのKさんと待ち合わせをして、予約時間が迫っている病院への道を急いでいました。

私たちが駅前の大きな交差点の近くを歩いている時でした。

突然、ヘルパーのKさんが「あれー」と言ったのです。

私が歩きながらどうしたのというように後ろを振り返ると、その驚きの声が「向こうから盲導犬を連れた人が、こちらへ向かってきますよ」と教えてくれたのです。

私自身が盲導犬と一緒に歩いていても、じつは盲導犬と一緒の人に街角で出会うことはめったにありません。

それで私もホーッと思って、Kさんにオウム返しにたずねます。

「男の人？　それとも女の人なの？」

「男の人ですよ。一生懸命に汗だくで歩いていますねー」

そんな会話を交わしているうちに、私たちはその人とすれ違ったようです。

すごい勢いの風が横を通り抜けてゆきました。

わー、すごい速さと思った私は、その風に向かって軽い気持ちで声をかけてみました。

「あのー、どなただったかしら？」と。

ところがその風が懐かしそうに「ああ、郡司さん。郡司さんだよね？」と私の名前を呼ぶのです。

「あら、新井さんなの？　まあ、めずらしいわねー」

私も思わず聞き覚えのあるその声に相手の名前が出てきました。

新井さんと私、そして水出さんともうひとり石川県のHさんとが、平成六年七月に一緒に共同訓練を受けた〝訓練生仲間〟でした。

新井さんは私の住む町のひとつ向こう、大きな橋を渡ったあたりに住んでいるとは聞いていましたが、家庭を持って子どもを育てている私と、独身の彼とは当然生活圏も異なっていましたし、何より使っている最寄り駅が違っていたために、いままでこんなふうに街角で出会うなどということは一度もありませんでした。

「新井さん、何をしているの？」

「歩いているのさ」

「歩くって、どこへゆくの？」

「ただ歩くのだよ」

「まあ、目的地もなくて、ただただ歩くの？　それはごくろうさまだわ」

こんな禅問答《ぜんもんどう》のような会話で始まった私たちの立ち話でしたが、その短い会話の中で、彼がすでにコチヌスをリタイアさせて、三頭目の盲導犬ラルクと生活していることを知りました。


その新井さんとコチヌスのリタイア前後の話を聞かせてもらうために、あらためての待ち合わせをしたのは、その次の年の一月でした。

私とペリラはその日、ＪＲと私鉄を乗り継いでゆかなければならない小学校での〈お話の会〉があり、その帰りの時間で約束をしていました。

ところが電車と電車の乗り継ぎ時間が思いのほか手間どってしまって、新井さんとラルクに、待ち合わせのK駅の改札口でしばらく待っていてもらわなければならないという事態になってしまいました。

携帯電話で連絡を取ったものの、それでも約束の改札口を、私とペリラはあわてふためいて出ました。

すると、ペリラの微妙な反応がハーネスのハンドルに伝わってきて、彼女が右寄りに向いて行きたがっていることがわかります。

その動きに従ってそちらへ向かって行くと、そこに新井さんとラルクが待っていました。

私たちは連れ立って駅ビルのエレベーターに乗り、上の階にあるレストランに入りました。

ペリラを足元の床にダウンさせると、お昼を食べていなかった私は、午後四時という中途《ちゅうと》半端《はんぱ》な時間だったけれど「カレーライスとコーヒーをお願いします」とウェイトレスに告げ、新井さんは「フルーツパフェとアイスコーヒーを」と、注文を出しました。

「コチヌス君のリタイアはいつだったの？」

「そうだなー、四年ほど前だったかな」

と、いつもの新井さんのボソッとした声が返ってきます。

「どこかリタイアさせなければならないような状態が、コチヌス君に起きてしまったの？」

かつての訓練生仲間という気軽さもあって、私はいつもは少しためらいながら問う言葉を、すらりと口から出します。

「いや、コチヌスは別にそんなことはなかったんだけれどね、一〇歳になったらリタイアと決めていたんだ。だから、リタイアの理由は〝年齢〟かな」

「えー、なーんにもないのに、一〇歳という年齢がきたら人間の定年退職と同じようにリタイアさせちゃうの？」

かつて平成六年の私たちの共同訓練は、四週間チームの水出さんと石川県のHさんはすでに訓練に入っていて、三週間チームの私と新井さんとが、そこに一週間遅れで加わったのでした。

だから、私と彼は同じように〝二頭目〟の盲導犬との入校式に出るために、同じ日に訓練所にやってきたのですが、ふたりのあいだにはあきらかに異なるところがありました。

私はすでに一頭目の盲導犬ベルナを亡くしてしまっての二頭目のガーランドとの出会いで

したが、新井さんは一頭目のリチャードとやってきて、そこで一二歳だという彼をリタイアさせ、そして二頭目のコチヌスとの訓練に入ったのです。

「最初のリチャード君のリタイアは、何をきっかけで決心をしたの？　それにあの時彼はすでに一二歳、どうしてコチヌス君のハードルは一〇歳にしたの？」

「うーん、リチャードはとにかく最初の盲導犬だったから、リタイアということが僕にもよくわからなかったんだよ。たとえば、リタイアした犬ってどんな生活があるのだろうかとか、どんな家族に、どんなふうに引き取られていくのだろうかとかさ。今から思うと必要のない心配だったんだけどね。でも、やっぱり具体的にわからないと心がなかなかきまらないんだよ。それで、リチャードと歩いていて、階段を上がったり下りたりすると、どうも足の具合が悪そうだ、カックンとなってしまうから、もうそろそろかなと、そんなことだったんじゃなかったかな」

新井さんは昭和五九年、彼が大学に入学した二五歳の時に、その最初の盲導犬リチャードとの生活をスタートさせたということでした。

私とベルナは昭和五六年の出会いでしたから、彼とリチャードは、ほぼ三年遅れだったのです。

大学生活を過ごして、社会人になって、それからアメリカへ一年間の職場研修に出た新井さんですが、そのあいだはいつもリチャードと一緒だったということです。だから、新井さんも最初の盲導犬への思い入れはかなり強いものだったのだろうと、私は推測しました。

「リタイアを年齢で決めるって、どういう気持ちなのかしら……。そこのところをもっと具体的に説明してもらえると助かるんだけれど」

私は最《もっと》もたずねにくいことを、単刀直入に切り出しました。

「僕はね、犬たちの生活の〝五分の一〟を一緒に暮らす人間だと考えているんだよ」

「ふーん、それってどういうこと?」

なかなか彼の言うところを理解できないでいる私に、彼の説明は次のように実に明快なものでした。

まず、赤ちゃん犬の日々を過ごす繁殖ボランティアさんとの日々、次にパピーウォーカーの家族に引き取られての日々、そして盲導犬訓練所での訓練の日々、それから盲導犬として目の見えない人間と暮らす日々、そして最後にリタイア犬になって引き取られる日々。これが犬の〝五分割〟の生活だと彼は言うのです。

「そのうちの〈盲導犬としての日々〉が僕のところなんだから、盲導犬をリタイアしてからもまだまだ充分にハッピーな毎日が送れるように、そこのところだけは配慮してあげなければならないと僕は考えるんだよ。コチヌスには次の家族との幸せな生活があるんだから、僕はまた新しいパートナーを求めて、お互いに『さよなら』をするんだよ」

「ふーん、なるほどなるほど。それでコチヌス君をリタイアさせて、ラルク君に出会ったということなのね」

盲導犬使用者としては、新井さんのような考え方が正しくてスマート、そして建設的なんだろうなーと思いながら、私は深く何回もうなずきました。

「でもさ、リチャードのリタイアの時には電車に乗って訓練所へやってきたけれど、コチヌスの時はそうはしなかったんだよ。僕にも、彼のリタイアについては、こだわりがあったんだね」

「まあ、それってどんな？　ぜひ聞かせてもらいたいわ」

と、私は思わずカレーライスを食べるのを止めて、体を乗り出してしまいました。

リタイアについてのこだわりは、かつて水出さんも話してくださいました。それは実に彼女らしいグロリアへの優しい配慮だったと、グロリアの新しいお母さんの加賀山さんに出会って私はその気持ちをより強くしたのでしたが、ものの考え方も、その生活スタイルも、スマートといえばスマート、かなり割りきりがいい新井さんの〝リタイアに対するこだわり〟って何なのだろうかと、私は強い関心と興味を抱いたのです。

「リタイアさせるのに訓練所まで電車を乗り継いで行く、そこまでコチヌスにやらせる気持ちにはなれなかったんだ。だから、訓練所には家からコチヌスとタクシーに乗って行ったんだよ」

新井さんのボソボソ声が言いました。

「なるほどねー」と、私はカレーライスの横に置いてある水の入っているコップを取り上げました。

ガーランドの訓練の三週間は私にとって、最初の盲導犬ベルナの時とはまた異なったつらさがありました。

一三年ものあいだベルナと暮らし続けてきた私、そしてその死を看取った私……。こんなふうに二頭目の盲導犬の訓練に自分の意思で出てきているのだから、当然ベルナとの日々にも心の整理がついているはずだったのですが、しかしやはり頭と心の理解は異なっていて、感情のコントロールのところで大幅に溝《みぞ》を作っていたようなのです。

気持ちのどこかで、常にベルナとガーランドを比べて見てしまいます。だからなのか、ガーランドとの訓練は惨憺たる結果になってしまいました。

焦れば焦るほどにその溝の深まりは増してゆきます。頭と感情のバランスがうまくゆかないということが、もっとしっくりとした関係にならなければいけないということが自分自身でもわかっていて、それがまた余計に焦る心に拍車をかけているようなのです。

そんな悩みの中で、同じように二頭目の訓練に入った新井さんとコチヌスは、私の目から見ると、なかなかの関係になっているように思えました。

うらやましさも募《つの》っていたのでしょうか、私は心のどこかで「やっぱり、リタイアさせて訓練に入った人って、割り切りがいいのだわ」と思っていたのです。

ある日、電話をかけるためにガーランドと部屋を出ようと、ドアを廊下の方へ押し開きました。

その時、ボソボソした声が聞こえてくるのに気がついたのです。

それは廊下の喫煙コーナーでコチヌスを相手に話をしている新井さんのものだと、すぐにわかりました。そして次の瞬間、私はその場に立ち尽《つ》くしてしまったのです。

「ここはコチ君のおめめ、ここはコチ君のおはな、ここはコチ君のおくち、みーんなコチ君のもの……」そう言って、しばらくすると、そのボソボソ声は、また「ここはコチ君のおめめ、ここは……」とエンドレステープのように続きます。

私は、黙って聞いているうちにまぶたが熱くなってきました。

とんでもない誤解をしていたことに私は気づいたのです。

心の整理ができなくて二頭目の訓練に焦りを感じていたのは、私だけではなかったのです。

新井さんもやはり同じ思いだったからこそ、コチヌスと楽しい遊びをしながら、心を通い合わせようとしているのでした。

そしてハッとしました。

私に、新しいパートナーのガーランドへの、彼のような思いやりがあっただろうか？　そう思ったのです。

涙がこみ上げてきて、「ガーちゃんごめんね。お母さんがいけなかったよね。ガーちゃんはさみしかったんだね。つらかったのはガーちゃんも同じだったんだよね」と、彼女の体を抱きしめました。


それで、その忘れられない思い出の「ここはコチ君のおめめ、ここは……」のことを話題にしてみました。

「ああ、あれね」

と、四〇代半ばの新井さんは、さすがに照れくさそうな笑みをフッと浮かべます。

「あれはね、本当はリチャードとしていた遊びだったんだよ」

と言いながら、リチャード・バージョンを披露してくださいました。

「リチャードって全身がまっくろくろな犬だったからね。『ここはリチャードのまーっくろなおめめ、ここはリチャードのまーっくろなおはな、ここはリチャードのまーっくろなおくち、みーんなリチャードのまーっくろなおかお』ってね」

新井さんの、歌うようなこのリチャード・バージョンを聞きながら、私はなぜだかまた胸が熱くなってきてしまいました。

私たち盲導犬と一緒に暮らす者は、誰もが一頭の犬と出会って、そして生活を共にして、いつの日にか別れなければならない。これを何回も何回も繰り返していくのです。

でも、どんな別れが待っていようとも、一緒に生活しているうちは、みんな懸命に〝共に生きる〟ことを考えているのだと、あたりまえといえば本当にあたりまえのことに気がついたのです。

「ねえ、新井さんにとって盲導犬って何なの？　どういう存在なの？」

と、あまりに漠然《ばくぜん》とした問いが自然に私の口から飛び出してしまいました。

「そうだなー……。そう、僕は最近おもしろい体験をしたんだよ」

と言いながら、彼はラルクと乗った電車の中で偶然出会った〈幼いころのラルクを知っている人〉との出来事を話しだしました。

「僕とラルクが電車に乗っていて、その女の人、といっても、もうおばさんなんだけれどね、その人が途中から僕たちの隣の座席に腰をかけたんだよ。どうも最初から、足元にダウンしているラルクの様子がいつもとは違うと、僕も思っていたんだけれどね。たとえば、体をそらすほど振り返ってラルクがその女の人を見上げているとか」

隣に腰をかけたその人と新井さんが世間話をしているうち、彼の盲導犬の名前が〈ラルク〉ということを知るや、その人はとても懐かしそうに「まあ、ラルク君なの⁉ ずいぶん立派になって！」と驚嘆《きょうたん》の声をあげたのだそうです。

新井さんもずいぶんびっくりしたことでしょうが、その偶然隣り合って腰をかけた女の人は、ラルクのパピー時代のご近所さんで、新井さんの知らないラルクの幼かった日々をよく知っている人だったのです。

「僕はその時思ったんだよ。〈盲導犬〉といっても、それは目の見えないわれわれと生活を共にしているあいだだけのことであって、この犬たちは、もっともっとたくさんのみんなに囲まれて、たくさんのみんなと知り合って生きているんだって」

一頭の犬を取り巻く〝愛情のバトンタッチ〟ということなんだと思いながら、私もU市にペリラの繁殖ボランティアさんを、そしてパピーさん一家を訪ねていった日のことを思い出していました。

「私たちは、ペリラのほんの幼い時を一緒に生活しただけのことなのですから――」

あの時、ペリラの子犬時代を育てたお母さん、日野ママは何度もそう言いました。

今は私の娘のペリラですが、でも私の知らないペリラのことを知っている人たちが、ここにはいっぱいいてくださるのだということを、そしてその喜びを、私もあの時しみじみと思い知ったのでした。

そんなふうにたくさんの人の愛情に包まれて犬たちの日々があるのだと、その偶然出会ったラルクの昔の知り合いさんのことを聞きながら考えたのです。

白血病になってしまったガーランドを中学一年生の幹太と懸命に看病をして、そのあまりに若い死を看取った私。グロリアをリタイアさせる新しいお母さんは自分の納得できる人にと、こだわりを持った水出さん。そしてコチヌスの盲導犬リタイアへの道行きはタクシーを奮発《ふんぱつ》して、という新井さんの実に彼らしいこだわり――。

平成六年の猛暑の日々を共に訓練を受けた四頭の犬たちの中のもう一頭、そしてもうひとりの訓練生だった石川県に住むHさんはどうしただろうかと、フッと思いました。

「ねえ、Hさんのところのアトロポスは元気かしら？　何か知っている？」

「さあどうしたかなー。でも、もう一三歳だもの、きっとHさんもリタイアさせたんじゃないだろうか……」

「そうかな。まだ元気に盲導犬をしていたらすごいよね。アトロポスは四頭の犬の中で一番無邪気そうだったから、意外に元気でがんばっているかもね」

そう言いながら私の心に、かつてのベルナが一三歳で元気に現役盲導犬として生活していたころのことが鮮やかによみがえってきました。

私も、ベルナも、とにかく毎日毎日が精いっぱいで、身も心も一体になったようにして寄り添い、そして支えあって生きていたころの懐かしい日々を。

甘やかな、そして暖かな優しさが心に満ちてきて、私は思います。

犬と一緒に生きて、そして犬と一緒に生きることで、また自分自身も生かされているのだわ、と。

5章　老犬ホームの静かな午後

稳やかに流れる〝老後〟という時間《とき》

「北海道盲導犬協会に女神《めがみ》が、それも老犬たちの女神がいる」

東京の下町で盲導犬と暮らしている私が、この話題を耳にしたのはいつのころだったでしょうか。

女神とは、日本国内にいくつか盲導犬訓練所のある中で唯一、北海道盲導犬協会にだけ付属設置の〈老犬ホーム〉で、かつて盲導犬として活躍した犬たちの年老いた生活を見守ってそのお世話をしている、辻《つじ》恵子《けいこ》さんのことです。

私は二七歳でベーチェット病のために失明したあと、「お母さんになりたい。それも、目の見えるお母さんと同じように子育てのできるお母さんに」と願って、昭和五六年、盲導犬ベルナと生活を始めました。

そして、ベルナが私の子どもになって一年数カ月後、昭和五七年九月に一人息子の幹太が生まれて、四人家族になったのです。

ベルナは、全盲夫婦のわが家の子育てには欠くことのできない存在でしたし、幹太のお姉さんとしての大切な役割も果たしてくれました。

そのベルナが年齢の重なりとともに白内障になってしまい、一一歳の時に「盲導犬としては限界」と獣医の先生に言われて、私たち家族は最初の、そして最大のピンチに立たされたのでした。

その局面を、小学三年生になっていた幹太が「ボクがベルナちゃんの目になる!」と言ってくれたことで何とか乗り越えることができましたが、どんなに家族で支えあっても、ベルナの〝老い〟を止めることはできませんでした。一四歳の時、ついに立ち上がることができなくなって、寝たきり犬のベルナになってしまったのです。

そのふとんの、腰の下に敷いた〈おねしょパッド〉の上で横たわるベルナの姿に、死に向かっているその看取りのつらさに、私の気持ちは何回も揺らぎ、くじけそうになりました。

そんな私ですから、それでも生きようとその萎《な》えてしまった足を踏んばって立ち上がろうとするけなげな姿がせつなくて、ベルナの体を抱きしめて「そんなにがんばらなくてもいいんだよ……」と泣きながら言ったりもしました。

毎日毎日がつらさと、せつなさと、そしてやり場のないむなしさの戦《たたか》いの日々でしたが、そういう暮らしの中で、私はフッと思いました。

こんな生活を、繰り返し繰り返し何頭もの犬たちと続けている女神、辻恵子さんってどんな人なんだろうか……。何を思いながら、このような日々の中で喜びを見い出したり、悩みを乗り越えたり、明日への気持ちにつなげたりしているのかしら……と。

その時突然に、そして胸いっぱいの気持ちで「辻さんに会いたい！」と、私は強く思いました。

この胸にたまりにたまっている、このせつなさを話したい、そして「わかるわ」と言ってもらいたいと心から願ったのです。

しかしそれは、一頭の犬が老いてゆく姿を見つめるという日々の、生活の中にたまるオリのはけ口を求めたいという、単なる私の甘えごころだったのかも知れません。

あるいは、グチ話を少しでも聞いてもらいたい、ちょっとでもなぐさめてもらいたいという、心の惑《まど》いだったのかも知れません。

いつの間にか毎日の忙しさにまぎれて、すっかりその思いは心の中で消化されてしまいました。

そしてベルナとの生活は、平成六年三月、彼女が一四歳四カ月四日の命を、私の胸に抱かれて首を振りながら別れを告げて閉じてしまったところで終わりました。

ベルナが亡くなって三カ月後の夫の肺ガンでの四九歳の死、二頭目の盲導犬ガーランドの急性白血病での三歳二カ月の若い死、今日まで続いている三頭目のペリラとの、この穏やかな毎日……というように、私の盲導犬との日々は、いろいろなことがあったものの、これまでずっと続いてきました。

しかしこの間、老犬ホームの話題は耳にするものの、辻さんのことをテレビ放映で見るものの、会いたいという気持ちこそありましたが、実際には辻さんに出会うこともなく日々を重ねてきました。

いつのころからか偶然に、ペリラの愛用するドレスが、北海道盲導犬協会のボランティアである弘子《ひろこ》ママこと長岡弘子さんお手製のものにかわりました。

「北海道に来たら盲導犬協会に連れていってあげる」という誘いを受けた時には、もしかしたらあの辻さんに会えるかもしれない、と私の心は動きました。

それに、まもなく一〇歳になろうとしているペリラと毎日の生活を過ごしながら、その彼女の年齢の重さを実感させられることが多くなってきて、私はひとつの企画を心に組み立て始めていたからです。

それは、かつて盲導犬として活躍した犬たちの老いていく姿を通して、その日常を通して、そして犬を取り巻く人たちを通して、一冊の本を書きたいということです。

それで、どうしても北海道盲導犬協会にしかないという老犬ホームにおじゃまして、そこで暮らす犬たちの生活を見させてもらい、辻さんに体験談を直接聞かなければならないと強く思いました。

そこで今回の弘子ママからの誘いに私は甘えさせてもらうことにして、出発準備に取りかかったのです。

北海道盲導犬協会には電話で訪問の趣旨《しゅし》を説明して、うかがわせていただきたいとお願いをしましたところ、ほんの数日で「お待ちしていますよ」というお返事をいただくことができました。

うれしさと感激のあまり、私は思わず受話器を握りしめて「ありがとうございます!」と、最敬礼《さいけいれい》をしてしまいました。

平成一五年一一月、私とペリラは憧《あこが》れの北海道の女神に会うために、羽田空港を飛び出して、空を千歳《ちとせ》に向かって飛んでゆきました。

飛行場の到着ゲートには長岡麻紀子《まきこ》さんが出ていて、私たちを迎えてくださいました。

弘子ママの娘である彼女とはその年の夏、一緒の数日を福岡の旅先で過ごしていました。

飾らない大らかな彼女の愛すべき性格とは私もペリラもすっかりなじみで、その彼女の運転する車に乗せてもらって、一一月、晩秋の北の大地の風景を楽しみながら北海道盲導犬協会に向かいました。

駐車場に車が入って、私とペリラがそこに降り立つと、「こんにちは」という声とともに辻恵子さんが、私たちの目の前に現れました。

「こんにちは」と言いながら、その憧れの人と私は握手をしました。

辻さんの声は背丈のない私のものより、それほど高い位置から発せられるものではありませんでしたので、目の見えない私にも彼女が小柄《こがら》な人であることはすぐにわかりました。

「辻さんってね、私よりそうねー、何歳かお姉さんかな。ヘアースタイルは、ななえさんと同じようにショートカット。メガネをかけていてね、大きな目でにらまれるとちょっと怖いけれど、でも笑うとその目がフニュッとタレ目になるのよ」

麻紀子さんが目の見えない私のために、実に率直に、そしてわかりやすくその風貌《ふうぼう》を説明してくださいました。

その様子を辻さんはニコニコ笑って聞いていています。

私たちは建物の横にある慰霊碑《いれいひ》の前に、まず立ち寄ることになりました。

ここには盲導犬だった犬だけではなくて、繁殖犬、あるいは盲導犬になれなかった犬たちも、そしてこの世に縁《えん》薄く生まれてきた幼くして亡くなってしまった犬たちも、みんな一緒に眠っているということです。

毎年八月に、その年に亡くなった犬のかつての盲導犬使用者と関係者、そしてボランティアと協会職員が総出《そうで》で慰霊式をとりおこなうというこの慰霊碑は、昭和五六年に御影石《みかげいし》で新たに建立《こんりゅう》されたもので、それまでは木で作られたものだったということです。

〈霊犬安眠〉の四文字が刻まれているという石碑の前に私と辻さんは並んで立って、手を合わせました。

「山々の連《つら》なりがこの石碑の向こうに見えるのですよ。正面にある山が藻岩山《もいわやま》で、なだらかな稜線《りょうせん》を描いています」

と、目の見えない私のために辻さんが周りの風景を説明してくださいます。

「この風景の中で、それはそれはたくさんの犬たちを辻さんは思い出しますでしょう？」と言う私に「そうですね」と短い答えが返ってきました。

「たくさん看取りましたものね」となおも言葉を重ねる私に、「勤務して一五年ほどになりますから、百数十頭の犬たちを見送ったでしょうか」と言いながら、その視線は目の前に連なる山々の稜線の向こうの空を仰《あお》ぎ見ているようでした。

北海道盲導犬協会では一二歳リタイア制度が確立しています。

これはほかの盲導犬協会にはない制度なのですが、盲導犬として活躍していたどの犬たちも、その年齢、一二歳になると、リタイア犬になってこの盲導犬協会にもどってくるのです。

そのうちほとんどのリタイア犬たちは、退役犬として外部のご家庭に委託され、引き取られてゆきます。

あるいはその犬の抱えている事情によって、盲導犬協会に付属する〈老犬ホーム〉で生活するようになります。

そして、ほんの少数ですが、かつての盲導犬使用者が手放せないということもあります。その時には、盲導犬をリタイアしていますから、ハーネスをつけることのないペット犬になって、今まで通り使用者の家庭で生活するということでした。

この制度は、〝盲導犬として目の見えないパートナーの安全を守ることのできる年齢は？〟ということで、体力の衰えから、運動能力から、判断力から、そして集中力からというように、あらゆる面から割り出された結論であったし、北海道という厳しい自然との日々から出た人間と犬との安全策でもあるということです。

「一二歳リタイアが決められていると、一〇歳になればあと二年と思い、一一歳になればあと一年……と、使用者の心の準備もできてくるので、まあこの年齢でひとつの線を引くということは、良い方法なのではないでしょうか」

と、歩行指導員の先生から、そのような説明がありました。

「それでは、一二歳という年齢になると全ての犬たちが、この古巣の盲導犬協会に一度はもどってくるのですか?」

「ええ、ほとんどの犬は、五月にリタイアさせて、そのまま次の犬との訓練に入るというケースですから。それで毎年五月になりますと、一時的ではありますが、この老犬ホームに犬たちがわんさかいるという状況になります。ただ、リタイアは五月にというこだわりが特別あるわけではありませんので、犬の事情によって、個人の事情によって、随時《ずいじ》もどってきてはいますが」

「では辻さんは、犬たちの、盲導犬としてスタートしていく晴れがましい姿と、年齢を重ねてリタイア犬としてもどってくる姿と、その両方を見守ることになりますね」

「ええ、そうです」

と言いながら、彼女は大きくうなずきました。

「最初私がここに就職した時には、まだこの〈老犬飼育委託制度〉がしっかり軌道に乗っていなくて、常に七頭くらいの犬たちが老犬ホームにいたのです」

「ひとりでお世話できる老犬たちの数って、そのころの辻さんの許容範囲でギリギリ何頭くらいまでだったのですか？」

「そうですね、まだ古い建物のころでしたからホームの中もずーっと狭かったし、ボランティアさんの数もそれほどたくさんいませんでしたから、限界は八頭くらいだったでしょうか」

「まあ。まだお若かった辻さんは、そんなにたくさんの老犬たちのお母さんだったのですか」

私の〝老犬のお母さん〟という表現がおもしろかったのでしょうか、ちょっととまどってから、辻さんは「うふふ」と短く笑いました。

麻紀子さんが先ほど教えてくださった、メガネの奥の大きな目がフニュッとタレ目になっていることを想像して、私もニコッと笑います。

それから、こうして事務所のテーブルに向かい合って座っている辻さんがまだ若かったころの様子を、私は何となく頭に描いてみました。

寝たきりになっている犬たちの、ヨタヨタと歩く犬たちの、そしてまだ走り回れる犬たちの、常に限界に近い頭数の犬たちと係わりあいを持ちながら、それぞれの犬の生活を見つめながら、たくさんの問題に直面をして、二〇代の辻さんはそのつど大きな壁にぶち当たり、悩んだのかなと想像しながらです。

犬がニガテなペリラは、心細くないように麻紀子さんがそばについていて、事務所で待っていることになりました。

それで私は辻さんの腕につかまって、訓練所の施設の中を彼女に説明してもらいながら、老犬ホームの中に入りました。

訓練センターの一日と、この老犬ホームの一日の生活テンポが異なるように、ここでの犬たちは、つながれるということはありません。

動ける犬はそれぞれ自由に歩き回っていられるように、人間は出入りできても犬はできないというように、部屋や出入り口にも工夫《くふう》がしてありました。

そして中に漂っている雰囲気も、年若い犬たちが訓練を受けている訓練センターの〝動〟のものから一変して、ここにあるのは余生を穏やかに過ごしている〝静〟のものでした。

「ああ、寝たきり犬になってしまったベルナの時に嗅《か》いだにおいだわ」と、つい懐かしさで、私はあまり高くもない鼻をクンクンさせてしまいました。

私たちがおじゃましたこの日は、寝たきり犬になってしまった一七歳のベラと、やはり寝たきり犬の一五歳のセントが、天窓から差し込む北の大地の初冬の日差しを浴びながらマットの上で横たわっていました。

そしてその周辺に、数人のボランティアさんたちが忙しそうに立ち働いています。

一一歳のティファニーと一四歳のチャーリーが、そんな中をまだ元気にトコトコと歩いていました。

「今現在は、ベラ、セント、そしてチャーリーの三頭の犬たちが常にホームにいる住人で、ティファニーはまもなく委託家庭に引き取られてゆく予定になっています。そのほかに、あそこでウロウロしているのがノンちゃんで、委託家庭の都合で一時預かりをしている犬です。ノンちゃんのように、今日は委託の犬たちが数頭帰ってきています」

と、辻さんが手早く説明をしてくださいました。

私と辻さんはそのホームの片隅にある丸いテーブルに向かい合って腰をかけました。

「このホームでの犬たちの一日って、どういうタイムスケジュールになっているのですか?」

私は最初の質問をしました。

「まず朝六時三〇分の排泄から始まります。八時三〇分から朝のごはんが、そしてお昼近くまではボランティアさんたちの手を借りて、それぞれの犬たちの散歩です。寝たきり犬になっても、お天気さえ良ければ台車で外の空気を感じさせるためにでかけます。

それからブラッシング、耳の掃除、爪きりなどに時間が費《つい》やされます。そして午後一時にはまた排泄です。それからそれぞれの犬の状態によっておやつを少し与えて、散歩やら体をさすったりする刺激《しげき》を与えて、四時には夕食になります。そのあとまた排泄時間。それで職員のその日の勤務は一応、終わりになります。

あとは宿直当番の職員だけの対応に代わって、夜は八時三〇分に最後の排泄ですが、老犬は夜中にも排泄がありますので、夜中の一時か二時にはその世話をしなければなりません。寝たきりになりますと、体位を人間の手で変えてあげなければ床《とこ》ずれがすぐにできてしまいますので、それは随時やらなければなりません」

辻さんの説明を聞きながら、私はひとり暮らしができなくなって京都の老人サナトリュームでその晩年を生活していた母のことを思い出しました。

そして、人間も、犬も、その老いを見守るということはなんて大変なのだろうかと、思わずため息がもれそうになりました。

「どんな状態の老犬になっていても、やはり刺激を与えるということは大切なものなのです。生きる意欲をかきたてますから。だから寝たきりになっているベラも、眠っているから何もしなくてもいいというのではなくて、昼間はなるべく体をさすったり、話しかけたり、上体を起こしてやったりという刺激を与えます」

辻さんの話を聞きながら、自分で用が足せなくなって車椅子生活になった母が、つまらなそうにベッドに横になっていた姿をフッと思い出しました。


私が結婚することで、それまでふたりで暮らしていた栃木の家を出たあと、母は長いあいだひとり暮らしをしていたのですが、年齢の重なりとともにいつの間にか体の自由が思うようでなくなってしまいました。

若いころは社交的で快活な性格の母でしたが、年齢の重なりとともに頑固《がんこ》で頑《かたく》なな性癖に変わり、人との交わりも好まなくなってしまいました。

いつでも庭に出て草むしりをしているという日々を過ごしていた母でしたが、やがて遠く離れた京都の老人サナトリュームに入居することになりました。

平成一〇年春、西から東へ移動してくる桜前線に逆《さか》らうようにして、母を乗せた車は、弟夫婦の住む関西へと移動してゆきました。

お友達も作れず孤独な日々を好むようになった母が、なじみのないところで、それも老人ばかりの共同生活で、周りの人たちとうまくやってゆけるのだろうか……。

しかしどんなに心配していても、夫を亡くし、息子の幹太との生活を支えなければならない働くお母さんの私には、手を差し伸べてあげられるだけの余裕もありません。

姉を誘って新幹線でサナトリュームに顔を出してあげられるのは、せいぜいが一カ月に一回でした。

京都の山の上にあるその施設は、見通しが良いように居室の全面がガラス貼りになっていて、各部屋ごとに二台のベッドが設置されていました。

そのベッドのあいだに、寝たきり老人に刺激を与えるということなのでしょうか、ボリュームいっぱいのテレビが終日なにかをがなりたてています。

どの部屋からも、生活音とそのテレビの音。絶《た》え間なくにぎやかな音の洪水の中で、母のベッドの周りだけが、時が止まったように空気がたゆたっている感じがしました。

訪ねていくたびに私たちをうれしそうに迎えてくれる母でしたが、その〝まだらぼけ〟状態が加速を増すように進んでいることは手に取るようにわかりました。

それはたまらなく寂しくて、私にとっても、姉にとっても、胸ふさがる思いでした。

ある時そこの職員の人が、笑顔でこんなことを私たちに言いました。

「時々慰問《いもん》にやってくる芸人の舞台には、いつでも『いやだ』と言っていたんだけれど、最近はそれでもあまりいやがらないで車椅子に乗ってホールへ出るようになったのですよ」

その話を聞きながら、私は心の中で合点をしました。

「ああ、お母さんはまだらぼけになって、かえって良かったんだわ」と。

「ここで穏やかなおばあさんとしての日々を過ごすためには、個性は、自己主張は、埋没《まいぼつ》させなければならないことなんだわ」と。

ひとりのおばあさんとして介護を受けるのではなく、おばあさんの集団のひとりとしての扱いだったあの老人サナトリュームでの生活に順応《じゅんのう》するためには、自分を無くしてぼけてゆくということが、かえって救いだったのかもしれないと考えたのです。

辻さんの腕につかまって、寝たきり犬のベラとセントのマットの近くへ私も行ってみました。

どちらの犬も上体を起こすようにして、彼らの顔を覗き込む私の方を興味深く眺めようとしています。

セントの体をなでてあげると、腹巻のようなものがあることに気がつきました。

そしてその背中の部分に持ち手がついています。

「これって何なのですか?」

「ああ、これは排便の時、人間の手で持ち上げてあげるためのものなのです」

へーと思って私は興味深くその腹巻様のものを手で観察します。

ベルナも寝たきり犬になった直後は、ふとんの上に横たわったままでワンツーをすることに盲導犬としての抵抗があったのでしょうか、ツー（うんち）はもちろんのこと、ワン（おしっこ）さえも絶対にしようとはしませんでした。

お腹がどんどんふくらんでしまい、小学五年生の幹太が泣きながら「ベルナちゃん、お願いだからここでおしっこをして！」と言ったものでした。

「ああ、こういうもので立ち上がらせることさえできれば、後は抱きかかえて排便をさせられますものね」

「ところがセントにはやはりプライドがありましてね、このベルトがいやなのですよ」

と、辻さんの微笑みを含んだ声が言います。

セントは「さあ行こう」と、このベルトで立ち上がらせようとすると、頑なに拒否をするのだそうです。

「助けてもらわなくったって立ち上がることくらいはできるさ、というように足を踏んばってね」

「へー、セント君は無理をすれば立ち上がることができるのですか？」

「やはり人間の手を必要とするのですが……。一応、セントの気持ちは大切にするってことでしょうかね」

微笑を含んだ辻さんの声はますます優しさを増してゆきます。

「それでも時々間に合わなくて、この場でチョロチョロチョロっておしっこということもありますからね。だからもうそろそろ排便の時間だなということになりましたら、セントには気がつかないように背後から人間が力を貸すということです」

「ああ、お母さんもそうだったわ」と、私は母の最晩年の姿を思い出しました。

訪ねて行った私たちは、お天気さえ良ければ母を車椅子に乗せて建物の外へ散歩に連れて出ることにしていました。

京都の山の上にあるその老人サナトリュームの周辺には、ほんの少しですが花壇があって、そこに季節の草花が植えられているのです。

「外へ出る前にトイレに立ち寄って……」と、私たちが話し合っていると、車椅子に黙って腰をかけていた母が突然言ったのです。

「私も一緒にトイレにゆくからね」と。

母はその少し前から自分で用が足せなくなってしまい、紙おむつを使う生活になっていました。

「あら、お母さんはいいんじゃないの？　おむつをしているでしょう？」

日ごろから面倒見の良い姉が優しく問いかけますと、「ううん、おむつなんかしていないよ！」と強く抗議するように母は言いました。

「それならみんなでトイレに寄ってから行くことにして、ペリちゃんもワンツータイムにしようね」と、私が言いますと……。

母は黙って私の盲導犬のペリラを眺めているようでしたが、とても恥ずかしそうにポツリと言うのです。

「トイレはいいわ、おむつだから」と。

大正、昭和、そして平成と、時代の波にもまれながら自分の人生を足を踏んばって生きてきた母は、満州生活を経て先夫に死なれ、姉を連れて四人の子持ちの父と再婚して私と弟を生んだというように多難な人生を生き抜いてきた人です。

気位《きぐらい》の高い、人前では決して弱みは見せないという女性でした。

今まで見たこともないその時の母のはにかみは、娘の私にとっては初めて接した、少女のような甘えでした。

その幼子《おさなご》のような母の物言いに私は、心の中で「かわいらしいおばあさんになって」と思いながらも、なぜか涙があふれてきてしかたがありませんでした。

老人サナトリュームという集団の中でのおばあさん生活になじめないままに、そしてその日々に順応するためにまだらぼけになってしまった母のあの生活は、はたして幸せだったのだろうか……。

最後まで自分の人生を生き抜くということでは、この老犬ホームでプライドを守りながら生活する、そしてそれを暖かく受け入れてもらえる環境にあるセントたちの方が、もしかしたら〝満たされた老後〟といえるのではないかしら……。

そう思ったら、たまらない気持ちになってしまいました。

「どんな刺激が犬には一番ですか？」

また丸いテーブルもどった私は、気持ちを切り替えて新たな質問を辻さんにしました。

「体をさする、話しかける、散歩に連れて出る、などなどたくさんの刺激の方法がありますが、何より一番は食べ物ですね」

と、辻さんの笑みを含んだ声が返ってきました。

「あらー、ベラちゃんみたいに、寝たきりの一七歳でもですか?」とたずねる私に、笑みを含んだ声は「ええ」と答えます。

「ベラも、みんなの食事が始まりますと、顔をせいいっぱい持ち上げてキョロキョロします。だから、生きるってことはやはり食べるということなのですよね」

「人間もそうですものね」

と言いながら、私は何回もうなずきます。

私たちが東京を早朝に出る新幹線に乗って母を訪ねてゆき、しばらくのひとときを一緒に過ごしていると、ちょうどサナトリュームのお昼ごはんが始まります。

それで、ベッドで食事をする母の姿を見ることがたびたび々ありました。

糊《のり》のようなドロドロのおかゆを、それでもおいしそうにスプーンで口に運んで食べていた母の背中を、その丸くなった後ろ姿を思い出したのです。

あの美食家《びしょくか》で、おいしいものが大好きだったお母さんが……。

そう思って胸いっぱいになったあの時の気持ちが鮮明によみがえってきました。

頬に熱い涙がこぼれそうになるのを、私は指先でそっとぬぐいます。

「だからこのホームでは、食事をとても大切にしています。おやつもそれなりのバラエティをと考えて、カステラやビスケットなどをほんのちょっと与えたり、うどんをやわらかく煮詰めて、それを本当に少量、というようにしたり。ドッグフードの食事も、犬の食べ方を見ながら三回に分けたりして」

なるほど、そんなふうに食事を分けてあげれば、一回ですませるより楽しみも増えるだろうな、とすっかり感心の私でした。

「あのベラちゃんやセントちゃんたちのように、寝たきり犬になってもドッグフードなのですか?」

と、かつてベルナが寝たきり犬になった時、ドッグフードの固形物がなかなかのどを通らないようで苦労した時のことを思い出しながら質問をしてみました。

「ええ、抱き起こして食べさせるのです。ずーっと人間の手が支えているのですが……」

なるほどなーと思い、そしてそんな配慮をしてあげなかった私自身を、今さらながら天国のベルナに申しわけなく思いました。

「セントは男の子ですから、あんな状態になっても食べ方が早いのです。それで吐き戻しがあっては体力の減少になってしまいますので、一回のドッグフードをまた小分けにして食べさせるのです」

「へー、それはどういう配慮なのですか?」

「人間の生活にたとえるならば、大盛り一膳《ぜん》というのではなくて、一息つかせるために食器をふたつ用意しておいて、一膳食べたら一息つかせて、おかわりの一膳というようにです。リズムを変えることで、これもある意味、刺激になりますから」

なるほどねーと、老犬たちとの生活の工夫の数々、そして行き届いた配慮……、私のベルナとの老いを見つめた生活などは、自己流で行き届かないことばかりだったと、ますますの反省でした。

そしてさらに辻さんの説明を聞きながら、なるほどなるほどと感心することばかりです。

「食事は生活の基本ですから、常に排便の状態には気をつけています。排便がゆるくなってしまうと、どんなにおいしそうに食べていても、食事の内容は変えなければなりません。それに下痢《げり》などになってしまいますと、体力の消耗《しょうもう》が激しいですから」

老犬になったベルナの排便には私も細心の注意をしたので、そうだったわという思いで、大きく何回もうなずきました。

「寝たきりになってドッグフードを食べていた犬も、やがてそれがダメになって、それからは流動食になってしまいます。水が飲めないけれど舐められるということでしたら、栄養をその水に何とか工夫をしますし……」

ベルナのほぼ一週間だった寝たきり生活を、水しか飲まないでプラスティックの注入器で口の中に入れてやった日々を思い出して、私はつぶやくようにたずねます。

「でも、どんな形にしても、食べ物、栄養が取れなくなると、死は刻々と近づいてきているということになりますよね……」

「そのまま数カ月も、という犬もまれにはいますが、でもほとんどの場合は〝まもなく〟ですね……」

短く答えてくださる辻さんの声もまったく沈んでしまいました。

そして彼女の目線が一七歳のベラに、一五歳のセントに注がれていることに、私は気がつきました。

今の辻さんの頭の中には、やがてこの二頭の犬たちにも訪れる死が、そして最後の別れの時が思い描かれているのだろうか……。

その視線の先を、私の見えない目も見つめました。

「犬が亡くなるってことを、こんなにたくさん経験している辻さんですが、それでもやはり、泣きますか?」

「ええ、泣きます……」

そう答えてくださる声に、涙がいっぱい含まれていることに私はドギマギしてしまいます。

「長いあいだリタイア犬ボランティアをされている長野の清水とき子さんに、かつて聞いたことなのですが……」

私は自分の声が涙で濡れていることを意識しながら、辻さんにたずねました。

「亡くなる時の犬の目って、とても清《す》んでいるというのですが、辻さんもそう思いますか?

そして、その清みきった目で、介護してきた人を最後の瞬間見つめてくれるというのです。

まるで、『さようなら、ありがとう』と言うように……」

「ええ、そうですね……」

ますますその声に涙を含ませて、辻さんは短く返事を返してくださいました。

「亡くなったら、辻さんも火葬場にゆくのですか？」

「ええ、それは必ずゆきます。そして八月に納骨式をして、それで私の一頭の犬への係わりが終わりになるのです」

と、ついに鼻をグスグスいわせての辻さんでした。

「その犬たちに贈る最後の言葉って、辻さんだったらどんなものなのですか？」

私は涙ぐむ辻さんを意識しながらも、なお言葉を重ねてゆきました。

「そうですね……。『がんばったね』でしょうか……。それも、盲導犬としてがんばったねってことではなくて、生きることに最後までがんばったね、なのですが……」

ああ、この人には足を踏んばって自分の人生を生きるという、生活者としての実感がある。

私はつぶやくような彼女のその言葉を受け止めた瞬間、身の震えるほどの感動を味わいました。

これが辻さんの魅力なんだわと思ったのです。

そうしたら感動が胸いっぱいに熱いものになって広がってゆきました。

「最近は犬の訓練士になりたい、あるいは見えない人と犬との歩行指導員になりたいという若者が多いようですが、辻さんは初めから犬のお世話をということだったのですか？」

「ええ、そうだったのです。私はトリマーの専門学校を卒業したものですから、最初から飼育ということが、犬たちの世話をするということが希望でしたから」

北海道盲導犬協会ではその開設当時、リタイアしてきた犬たちを職員や訓練士たちが面倒をみていた時期が数年あったということです。

でも年を追うごとに、犬が盲導犬となってスタートするごとにリタイア犬が増えてきて、ついにその老犬だけの世話をするための誰かが必要だということで、トリマーの専門学校を出た辻さんが協会に就職したということでした。

「それでは、ここでの毎日のお仕事は、辻さんのその願いを裏切るものではなかったのですね」

「そうです。夢が現実になって、現実がまた夢になっていくという毎日ですから」

と、微笑みを浮かべた声がもどってきてくれて、みんなの憧れの人、辻さんを泣かせてしまった自責の念に耐えがたかった私は、内心ホッとしました。

雰囲気の少し明るくなったところで、私は質問の内容を少し変えてみました。

「辻さんはどこで自分の気持ちを毎日切り替えているのですか？」

「切り替えるって、気持ちをですか？」

まだ前の質問の世界にいたのでしょうか、問われている内容がよくわからないといった辻さんの返事でした。

「そうです。プライベートの〈辻恵子さん〉という一人の女性と、老犬ホームで犬たちの介護をする辻さんとをです」

「えー、どこかなー。そうですねー、そんなこと意識したこともなかったけれど……」

辻さんは微笑を残した顔を少しかしげて考えているようでしたが、やがて「ロッカールームで着替えをする時かしらね」と、恥ずかしそうに、はにかんだ声が返ってきました。

私はひそかに思います。〈そうか、北海道の女神は毎日ロッカールームで生まれるのだわ〉と。

雑談の中でひと息抜いたあと、また老いを見つめるという深刻な話題に話の方向をもどして、私は質問を続けました。

「リタイアしてきた直後の犬たちの様子って、どんなふうなのですか?」

「それは犬によってかなり違うのです。たとえばこのチャーリーは、その点は実にクールな子で、いつでもどんな時でも自分のペースですから、特定の誰かに特になつく、たとえば私とかボランティアの誰かとかに、特にベタベタくっつくなどということはありません。しかし、ここに来てからも、ずーっと出入り口だけを見つめている犬もいます。お迎えが来てくれるのを待っているのだなと、その背中を見ていると……やっぱりつらいですね」

辻さんの声に再び涙がにじんでいるようでした。

「そういう子には特に、こちらに慣れるまでは気を使います。抱きしめてやったり、話しかけたり、散歩に行ったりしてね……」

しばらく、丸いテーブルを挟んで向かい合って腰かける私たちのあいだには、何の言葉もありませんでした。

それは辻さんの、そして私の、それぞれの思いの中をたゆたうかのような沈黙のひとときでした。

ボランティアさんたちの手が行き届いているのでしょうか、こんなにたくさんの老犬たちがさまざまな状態を抱えて生活しているのに、たちこめている部屋の空気の中にそのにおいはほとんどありません。

ゆっくりとした時の流れが過ぎてゆく老犬ホームの午後のひととき、遠くでまだ幼い犬たちの吠える声が、そしてボランティアさんたちの小声で話す言葉の切れ切れが、時おり聞こえてくるだけの部屋の雰囲気でした。

「何回も何回も立ち会いましたが、盲導犬がハーネスを取り去る時と、亡くなってゆく時って、やっぱりつらいですね……」

つぶやくような辻さんの声にも、そして「つらいですよね……」と、ベルナの、そしてガーランドの死へ向かってゆこうとしている最後の瞬間を抱きしめたあのせつなかった感覚を思い出しながらあいづちを打つ私の声にも、しみじみ感がにじんでいました。

白内障が急に悪化して一一歳でリタイアしたというティファニーが、そしてチャーリーが、そんな私たちの周りを無心にトコトコと歩き回って、時々その足を止めてこちらの様子をうかがうように眺めています。

そして委託家庭から数日預かっているというノンは、自分のハウスと決められた敷物の上で、すっかりお昼寝モードのようです。

どちらもかつては盲導犬として活躍していた日々があったのですが……。

今はこのホームを家庭として生活するチャーリーと、新しい飼い主との日々にすっかりなじんでしまって、ここには一時的に預けられているだけというノンと、そしてまもなく新しい家庭へ引き取られていくという新たな希望に胸ふくらませているティファニーと、三頭の犬たちの今立っている現実はそれぞれ異なるのです。

だから、自分の置かれている立場が無意識にわかっているからなのでしょうか、この老犬ホームでの昼下がりのそれぞれの過ごし方なのでした。

「リタイア犬になってもどってきてから、ノンちゃんやティファニーちゃんのように委託になってゆく子、そしてチャーリーちゃんのようにこの老犬ホームに留まる子、それぞれどんなふうに決められてゆくのですか？」

「まずリタイアした犬たちは一時、このホームに入ります。北海道では毎年五月が共同訓練再開の季節ですから、リタイアさせて新しい犬との共同訓練に入る人たちがやってきます。このホームにリタイア犬たちの一番増える時期でもあります。

こちらではまず、使用者の気持ちを取り入れながら、委託にするのか、あるいはこのホームに残すのかを決めます。ホームにそのまま残るというケースは、このチャーリーがそうなのですが、手放した使用者の方から特にそう望んだ場合ですね。あとは何か事情があって、委託に委《ゆだ》ねられないというケースがあります。

委託するそれぞれの犬を引き取っていただく家庭を決めるのは私たちですが、その犬の生活スタイル、あるいは性格をよく観察します。老犬になってから初めて出会うということはどの犬ともなくて、子犬のころや盲導犬になってからの生活を、私たちはそれでも折々に見聞きしていますし、それに協会は一二歳リタイア制度を確立しているので、その点でも委託先をおおよそ事前予定できるのです。

そして、『この犬は、あのご家庭で』ということが一応決まりましたら、まずご家族のみなさんにこのホームに来ていただきます。会っていただいて、人間も犬も相性はどうかということを見て、そしてその後も何回か通っていただき、散歩をしたり、ブラシをかけていただいたりして、コミュニケーションを取り合いながら、お互いに慣れていただくのです。

ティファニーがすでに二回、委託先の方と会って、その関係が順調に進んでいますので、あと数日でこのホームでの生活は終わりになると思います。いよいよ委託ということになりますと、私が犬を連れてゆきます。だからティファニーも近々私が車で委託先のご家庭へ連れてゆくのです」

「それは必ず、辻さんが？」

「そうです。委託については、犬たちもまずこのホームで数日を過ごすというワンクッションがありますから、徐々に徐々に気持ちを切り替えていると思うのです。ですから、いざ新しい飼い主との生活になっても、それほどのつらさはないのでは、と考えているのですが……。でも本当のところは、やはり犬自身でなければわかりませんね」

会話の中に自分の名前が出たティファニーが、話し合う私と辻さんとのあいだに入って、ふたりの顔を交互に見比べています。

「ティファニーちゃんは、お話をちゃーんと聞けるの？」

と、声をかけると、うれしそうにしっぽを振りながら私のところにやってきました。

世間の犬の年齢では、一一歳は高齢犬になるにもかかわらず、この老犬ホームでは、ティファニーは「まだ一一歳」と言われます。

そしてホームの中をかけ回る体の動きは、チャーリーに比べても、ノンに比べても、機敏《きびん》で力強さがあります。

私の体にすり寄って、鼻をくっつけて、そしてしっぽを振ってのお愛想を繰り返すティファニーに、「あなたは愛情表現の豊かな子なのね。きっと新しいお母さんにも、うーんとうーんとかわいがってもらえるわ」そう言うと、ますますうれしそうに大きな体をすり寄せてくるのです。

「辻さんは、それぞれの犬の委託家庭を決める時、何を一番重要視するのですか？」

「それは犬の性格です。なでられたりするのがいやな犬っています。そういう子はあまり小さな子どもさんのいない家庭に。あるいは自己主張の強い子、頑なな性格の子は、面倒見の良いご家庭だったり、ご夫婦ふたりだけの家庭にだったり」

そう答える声には、先ほどの涙の跡などみじんも感じさせない、辻さんの職業人としての、そして足をしっかり踏みしめている生活者としての響きがありました。

こうしてテーブルで向かい合って私との話し合いを続けながらも、小声でたえずボランティアのみなさんへ指示を告げているのです。

その目は、天窓から差し込む日差しに気持ちよさそうに介護してもらっている寝たきり犬のベラやセントたちの方へ、お昼寝をしているノンたち預かり犬たちの方へ、そしてホームの中をわがもの顔で遊ぶチャーリーやティファニーの方へ、たえず注がれているのです。

「委託されたあとも、年に最低二回は直接訪問をさせていただいています。もちろんそれぞれの犬たちの様子を見させていただくというのが主な目的なのですが、ご家庭での犬の生活相談に乗ったり、犬の健康状態をチェックしたりします」

「ああ、それは大切なことですよね。辻さんがひと目見れば、犬がどんな生活をしているのかがだいたいわかりますものね」

「ええ、でも今まで、預けてはみたけれど問題だったというケースは、おかげさまでないのです。ただ、それぞれの家庭の事情と、それぞれの犬の健康状態などがありますから、一度委託させていただいても最後はこの老犬ホームで引き取るということもあります」

「それは毎日の生活ですから、仕方がないかもしれませんよね。ペット犬がたくさんいるご家庭も委託家庭としてはあるのですか？」

「ええ、北海道は家そのものが広いのでしょうか、一軒に数頭の犬たちが生活しているということが多いのです。そういう家庭に引き取られていっても、犬は集団で生活するという習性が元々ありますので、うまくなじんでいますよ」

「その犬を委託する時必ずお話をする、家庭の中でこれだけはやめていただきたいということって何かありますか？」

「もともとの犬の生活スタイルをよく説明して、できるだけそのスタイルを崩《くず》さないようにお願いしています。たとえば盲導犬として生活している時には、食生活などはきちんとしていたわけですから、おやつなどをむやみに食べさせないとか。

　昼間誰もいなくなってしまうご家庭には、盲導犬時代は常に人と一緒に過ごしてきたわけですから委託することはできませんし、家族全員がお出かけなどという時にはこのホームで一時預かりをします。日常生活の中でも、長い時間、犬だけでお留守番をするようなことがないようにお願いしています。

　あと北海道は冬の寒さがひと通りではありませんので、家の外で飼うということはまったく認めていません。たまに盲導犬になれなかった犬が牧畜業の家庭に引き取られてゆくというケースもありましたが、どうかなーと訪ねていくと、馬や牛たちと一緒に仲良く生活しているなんてケースもありました」

「盲導犬になった犬も、なれなかった犬も、そして繁殖犬も含めれば、ずいぶんたくさんの犬たちを見てきたでしょうけれど……辻さんにとって、犬って何なのですか？」

私の唐突《とうとつ》な質問に、テーブルの向かい側の辻さんはしばらく考えているようでした。

「長く、そして濃く犬に係わる仕事をしていても、そのつどの発見があるのです。犬っていっても、みんなそれぞれ違うんですよね。こうしてこのホームで生活している犬たちですが、年齢の重なりでしょうか、犬どうしでお互いに関心を持ち合うなどということは、もうほとんどありません。特殊な事情を抱えた年齢の若い犬がホームに入ってこない限り、犬たちがじゃれあって遊ぶということはないのです。今、ノンちゃんがお昼寝から起きて、チャーリーとティファニーの三頭でウロウロしていますが、お互いがそれぞれお互いですもの。それなのに、どの犬もみんな人間が大好き。私たちの生活にとっても密着していて、そして私たち人間に深く影響を与えてくれる、魅力的な動物です」

私のそばにやってきたチャーリーが、甘えるように腕に鼻を押し付けてきました。

「ほらほら郡司さん、チャーリーです。ここでは比較的クールなチャーリーも、やはりお客さまが大好きなのです。今、郡司さんの左側にチャーリーが伏せました」

「えー、本当？」と、そっと手をやると、いつもペリラがダウンするその場所にチャーリーがいました。

もはや数年前に盲導犬をリタイアしたチャーリーも、左側につくというかつての盲導犬だった習慣を忘れてはいないのです。

「聞いているの？　お話を」

と、声をかけると、（うん、そうだよ）と言うように私の顔を見上げているようです。

「だから、犬ってやはり、人間との深い係わりあいの中で、幸せを見つけ出す動物なのですよね」

この言葉の最後で、辻さんは私の顔を覗き込むようにします。そして、つぶやくように「犬って、かわいらしいですよね」と。

ああ、これがまさしく辻さんの〝女神の心〟なんだわと、私は心の中で何回も何回もうなずきました。

事務所に帰ってゆくと、ペリラが（待ってたよー！）というように大あわてで立ち上がります。

「いっぱーい待ちくたびれちゃった？　ごめんね」

しっぽを振るペリラの頭をなでてあげながら言います。

「そうでもなかったのよ。お疲れペリラちゃんだったのか、グースーグースーと眠っていたもの」

と、麻紀子さんでした。

私たちはそろってまた建物の横にある慰霊碑に立ち寄りました。

「もしもかなうなら、というお願いごとができるとしたならば、何をお願いしますか？」とたずねる私に「そうですねー……」と、辻さんはしばらく考えていましたが、「この慰霊碑を再建したいですね」という返事が返ってきました。

「二五年にもなりますと、天国で暮らす犬たちは二〇〇頭くらいでしょうか。これからずーっとこの事業が続いていくのでしたら、やっぱりもう少し広く納骨できるようにしておかないと……。それに、犬によって私たち人間も心の安らぎが与えられている部分ってたくさんありますもの、せめてそれくらいのことはね」

透明で、そしてたっぷりな存在感のある辻恵子さんというカリスマに、私は大きな拍手を贈りたい気持ちいっぱいで、その手を握りしめて「ありがとう」と「さよなら」をしました。

今夜の宿泊予定のホテルで私とペリラはしばらく休んで、麻紀子さんがお迎えにきてくださるのを待つことになりました。

夕食は、弘子ママが彼女の手料理〈石狩なべ〉でごちそうしてくださるというのです。

私は時計を見ながらまずペリラの食事の準備にとりかかります。

ペリラは一日一回の食事で、よほど予定外の出来事がない限り、毎日四時から五時くらいのあいだに食べます。

ラブラドールレトリバーは一般的に愛嬌者《あいきょうもの》で、性格の素直さと顔の愛らしさもあって、日本で一番盲導犬として活躍している犬種ということです。

そのラブラドールレトリバーなのに、比較的日常生活の中では感情を表に出さないペリラですが、さすがにこの食事タイムだけは喜びのかたまりのようになります。

（わー、ごはんだ、ごはんだ！）というように、今日も私のあとからしっぽを振りながらくっついて来て、狭いホテルの洗面所に入ってきました。

そのペリラに私は言います。

「刺激が大切。ワンパターンじゃあダメだからさ、二〇〇グラムのドッグフードを今度からふたつの食器に分けることにしようか」

ペリラは、（そんなことどうでもいいからね、お母さん、早く早く！）というように、私の腕を鼻の先でつつきます。

そしてドッグフードを食器に入れている手元を、しっぽを振りながら穴のあくほど見ているのです。

「二〇〇グラムのドッグフードじゃあねー……。一〇〇グラムずつなんて、あっという間でポイポイのポーイだものね」

と、私は家からビニール袋に入れてきた中身を、携帯用の食器に、下にこぼさないよう慎重に入れました。

ペリラのドレスをたくさん作ってくださるスタイリストである弘子ママは、長く北海道盲導犬協会のボランティアであると同時に、パピーウォーカーとして子犬を育てていた時期もありましたが、今は繁殖ボランティアをしています。

繁殖ボランティア（北海道盲導犬協会では〈繁殖犬飼育ボランティア〉と呼びます）は、家庭の中でお母さん犬と一緒に生活をしながら出産をさせ、そして生まれた赤ちゃん犬がパピーウォーカーの家庭に引き渡されるまでのあいだの世話をするボランティアです。

現在は二頭目の繁殖犬ココミのほかに、弘子ママの家ではペット犬が三頭いるということです。

「わが家で夕食を」と弘子ママに誘ってもらったものの、「犬ニガテのペリラはだいじょうぶだろうか……」と、私は内心不安でなりませんでした。

その気持ちを察したように、ホテルに車でお迎えにきてくださった麻紀子さんが、「ペリちゃん、だいじょうぶよ。ココミ以外のワン子はみんな預けたからね」と言いながら部屋に入ってきました。

一一月初めの北海道の夜は、やがて訪れる冬の厳しさを予感させるように寒くて、ついジャンパーの襟の中に首を突っこんでしまいます。

車から降りて、その冷たい夜気を体いっぱいに感じながら麻紀子さんと玄関を入ると、おいしいにおいと、ココミが大歓迎で迎えてくれました。

「ココミにとっては、麻紀子がお母さんなんだよ」

と、台所の弘子ママが言います。

「そうなの。私って未婚の母ですの」と言いながら二度目の妊娠中のココミの頭をなでている麻紀子さんを、私は笑いながらからかいます。「未婚の母であると同時に、ココミちゃんの生んだベイビーの未婚のおばあさんだわね」と。

二歳六カ月のラブラドールレトリバー、若さいっぱいのココミでしたが、最初の出産から半年、今は二度目の妊娠初期段階だということで、母性本能いっぱいで九歳のペリラを迎えてくれています。

「ねえ、弘子ママってどうして繁殖ボランティアになったの？」

と、私は居間の座ぶとんの上から、台所に話しかけます。

「最初はパピーさんで子犬を育てるところからはじまったのよ。最初のパピーの子は盲導犬になれなかったんだけれど、二頭目のパピーで育てたゴールデンのジュリが繁殖犬に合格してもどってきたのよね。そこから繁殖ボランティアがはじまったのさ」

そのジュリは四回の出産をして、平成一二年一一月に病気のために一〇歳で亡くなってしまったのだそうです。

その後、大阪の繁殖ボランティアさんの家庭で生まれたココミが北海道盲導犬協会にやってきて繁殖犬に合格、今度は麻紀子さんの子どもになったのです。

そのココミもすでに一回目の出産を済ませて六カ月、今は二回目の妊娠中で一二月下旬の出産を控えているということです。

「普通、犬ってだいたい一回の出産で何頭くらいの赤ちゃんを生むの？」

「そうね、それはさまざまかな。お母さん犬のその時の状況もあるからさ。ジュリだって四回の出産だったけれど、九頭生んだこともあったし、たった一頭の時もあったもの」

「最初の出産って、何歳くらいからなの？」

「だいたい二歳前後からかな。ジュリも、ココミもそうだったわ」

ココミの排泄で外へ出ていた麻紀子さんがもどってきて、弘子ママの代わりに答えます。

「ふーん、そうすると盲導犬としてスタートする年齢と、繁殖犬としてスタートする年齢とが、それほど違わないのね」

ココミがペリラに（遊ぼうよ）と、さかんにモーションをかけてきます。

いつもなら犬ニガテのペリラも、今日のところは、いやだいやだのポーズでもなさそうです。

「だいじょうぶよ。わが家は犬中心の生活だから、犬の口が届くところに危ない物は置いてないよ」

麻紀子さんにそう言われてハーネスを外してあげると、ペリラが不思議なことにココミの後ろにくっついて室内探検を始めました。

「犬って安産の動物っていうでしょう？　でもそうでもないわね。何頭も何頭も生むんだから、やはり苦しそうだものね。ジュリのときだったけれど、帝王切開でまだ麻酔《ますい》も完全に覚めていないのに、フラフラしながら赤ちゃん犬のところへ授乳するためにゆくのよね。母性本能ってすごい。見ていて感動だったわ……。あの、全身がお母さんそのものになっていたジュリの姿を今でも忘れられないもの」

麻紀子さんが、当時のことを思い出すように言います。

「ココミちゃんは二歳直前でお母さん犬になったでしょう？　犬だって最初の出産、そして子育てって不安じゃあないのかしら？」

私も、かつて三七歳で幹太を初めて出産した時のことを思い出しながらたずねます。

「うーん、それは犬の気持ちだからわからないけれど……。でも、たしかにジュリもココミも、最初の出産と子育てはやっぱり〝新米ママ〟って様子だったわ。赤ちゃん犬の扱いも、こちらが手伝ってあげなければヘタくそだったし、おっぱいを飲ませるのも、ぎこちなかったものね。でもね、ものすごーく感心したけれど、ジュリを見ていると、回数を重ねるごとに、やっぱりベテランママに変わってゆくのよね」

「生んだあとの犬の顔って、やっぱり〝お母さん〟の顔になるものなの？」

「それは変わるわ。雰囲気的にも、とっても穏やかになって、お母さん顔《がお》そのものになるのよ。お腹をすかせている子を次々に選んで、一番出《で》のいい乳房に口をもってゆくようにしてあげるし。その姿なんて、感動的だわ」

私は麻紀子さんの言葉にうなずきながら言葉を重ねました。

「へー、犬もそうなの。人間も、出産したあとの女性って一番きれいだって昔から言うものね」

「だけれど出産したあと授乳しているあいだのお母さん犬たちって、容貌《ようぼう》はかなり落ちるよ。自分の体の栄養をどんどん分け与えているんだなって思うほどやせて、毛並みも悪くなって、すごいよ」

台所から食器を運んできた弘子ママが私と麻紀子さんとの会話に口を挟むと、またそそくさともどってゆきました。

「人工栄養なんてことではなくて、みんなお母さんのおっぱいだけで、その何頭もの赤ちゃんを育てるのでしょう？　犬のお母さんってすごいよね」

三二週で破水してしまって救急車で運ばれていった昭和五七年八月の暑かったあの朝を、私は鮮やかに思い出していました。

何とか三五週までベッドの上で絶対安静でもたせたものの、生まれた赤ちゃんは早産ということで、しばらく保育器に入ってしまいました。

誰もが自分のベッドの傍らに小さなベビーベッドを置いて誇《ほこ》らしげな病室の中で、ひとりだけ赤ちゃんなしで出産後の日々を過ごした、あの心もとなかった思いを。

それでそのあいだ、授乳の予行演習ということで隣のベッドの赤ちゃんを借りておっぱいを飲ませてみることになったけれど、目の見えない私には、どこが赤ちゃんの口なのかがわからなくてモタモタして泣かれてしまったことを。

体をよじって泣く赤ちゃんに、こんなことでわが子を無事に育てられるだろうかと急に心配になってしまった自分の心を。

母乳で育てる気持ちは満々とあっても、そして母乳がいろいろな面でもっとも良いと思っても、うまく飲んでくれなかったらどうしようかと、夜も眠れないほど悩んでしまった新米お母さんだった気持ちを。

ところがいざ幹太におっぱいをのませようとすると、まだ目の見えていない幹太の口が、何の迷いもなく私の乳首を小さな口に入れて力いっぱい吸い始めた時の、あの感動を。

「ああ、やっぱり私たちは母子なんだ。この子は私が産んだ子なんだ」と、幹太を抱いて流したあの涙の味を。

そんな思い出にひたっていると、頭の中いっぱいでぼんやりしている私の肩を背後から弘子ママの手がポンとたたきました。

「赤ちゃん犬を、ななえさんは見たいかい？」そして突然そうたずねます。

「うん、見たいわ」と答えた私に「それなら連れていってあげる。まだ生まれて一カ月少しだから、かわいらしいよ」と言うのです。

「それに、そこにはジュリが二回目の出産で生んだクルーが家庭犬になっているのよ」

弘子ママは「あとは、麻紀子やっておいてね」と手短《てみじか》に言うと、すでに出かける準備を始めています。

「ペリちゃんはココミと遊ばせておくから、だいじょうぶよ」

と、麻紀子さんが言ってくださるので、私もそそくさと弘子ママの運転する車に乗りこみました。

私たちが訪問先の新明《しんめい》さんの玄関を開けると、突風のように犬が飛び出してきました。そしてまた、そしてまたというように、私が靴を脱ぐ暇を与えないほど次から次へと飛び出してくるのです。

「まあ、ここのお宅は一体何頭の犬たちがいるのかしら？」と思うほど、その突風の嵐の大歓迎に、まず私は度肝《どぎも》を抜かれてしまいました。

やっとの思いで弘子ママの腕につかまって家の中に入ると、部屋の真ん中に〈産箱〉と言われている長方形の木の箱がでーんと置いてありました。

その中には一〇月初めに生まれた三頭の赤ちゃん犬が入っています。

「お母さん犬のパギーです」

まず私の手を持って新明ママこと新明真佐子《まさこ》さんが、お母さん犬の頭に触れさせてくださいました。

「えらかったね。この赤ちゃん、みーんなあなたが生んだのね」

うれしそうにしっぽを振って応えてくれたパギー母さんですが、産箱の中を覗き込んでいる私のそばを、誇らしげに、そしてちょっぴり不安気にくっついていて、片時も離れようとはしません。

「抱いてもいいですよ、どうぞ」

と、奥さんに勧められて、三〇〇〇グラムほどの体重だという赤ちゃん犬を、弘子ママに手を添えてもらいながら私は抱き上げました。

そんな私の様子を、やはり片時も目を離さずにパギー母さんが見上げています。

「まあかわいい。まるでぬいぐるみみたいなんですね」

初めて赤ちゃん犬を抱いた私は、不思議な感触に驚いてしまいました。

それはまるで人間の赤ちゃんを抱いた時のように、胸の中にフワーッと吸い付いてくる、そんな感触なのです。

胸いっぱいに暖かなものが広がり、ああ懐かしい、と思わず涙ぐみそうになりました。

私は思い出していたのです。

まだ生まれたばかりの赤ちゃんの幹太を初めて胸に抱きしめた、あの時の感動をです。

へその緒《お》を二重に首に巻きつけて生まれてきたという幹太は、出産したものの、すぐには産声《うぶごえ》を上げてくれませんでした。

分娩台《ぶんべん》の上で横たわったまま、私は不安と心配でいたたまれない気持ちでした。

三七歳で初産《ういざん》の私のカルテには、〝マル高《こう》〟の印がついているということでした。

周りが心配してくれたように、やはり盲導犬ベルナとの日々はその高齢出産の私には肉体の負担が多すぎたのか、三二週で破水してしまい救急車で病院へ運ばれたのです。

「今このまま出産してしまったら二〇〇〇グラムを切ってしまい、未熟児ですね」

と、お医者さんに言われて、ショックと不安を抱えながらそのまま入院生活になりました。

陣痛止めの注射を打ってもらい、ベッドの上で絶対安静の生活を過ごして、何とか三五週までお腹の中にもたせた赤ちゃんです。

どうしたんだろうか……。やっぱり状態が悪かったんだろうか……。

そう思うと涙がポロポロと出てきて、宇宙の全ての神様仏様に祈りたい気持ちでした。

その時です、何かの音がしたと思ったら、「おぎゃあ」という泣き声がしました。

想像していた産声とはまったく違う奇妙な声でしたが、それはまぎれもない私の産んだ赤ちゃんの産声でした。

まあ、カエルがカゼをひいたみたいな声……。

思わず笑顔が顔一面に広がって、そして「よかった！」と心からほとばしりでるような喜びが胸いっぱいに押し寄せてきました。

「心配したでしょう。かわいい男の赤ちゃんですよ」

看護婦さんが分娩台のベッドに横たわっている私の胸の上に、小さな、それでいてしっかりとした存在感のある赤ちゃんをそっと置いてくれました。

私はその柔らかな体をそーっと、本当に優しく両方の手で抱きしめてみました。

私の赤ちゃん。この子が私の子どもなんだわ。

そう思ったら、また新たな涙があふれて、頬にこぼれてきました。

「ありがとう。この私の子どもに生まれてきてくれて、本当にありがとう」

まだ生まれたばかりのわが子に、成り立てホヤホヤの新米お母さんの私は話しかけます。

「目鼻立ちのしっかりした赤ちゃんですよ。きっとお母さんの気持ちが通じて、いい子になるわね」

と、手を添えてくれている看護婦さんの声でわれに返るほど、私は初めて抱いたわが子の感動にすっかり酔いしれていたようです。

「この子が、わが家のわんぱくクルーです」

新明ママは、パギーの傍らにいる、三〇キログラムはありそうな大きな体の犬にも私の手を持っていってくださいました。

「え、クルー君だけなのですか？　もっとたくさん犬がいるのかと……」

あのすさまじかった、突風のように繰り返し繰り返し飛び出してきた犬たちを思い出しながら、不思議そうな面持ちの私です。

「いいえ。あれは全部クルーの大歓迎のセレモニーなのですよ」

新明ママは、おもしろくてたまらないというようにクックと笑っています。

「おバカちゃんでしょう？　もう九歳のおじさん犬だっていうのに、いつまでもわんぱく坊やなのですよ」

「あらー、九歳なら私のペリラと同じ年齢です」

「この子は、盲導犬になれなかったキャリアチェンジ犬ですから」と、にこやかな笑みの声で言う新明ママの傍らで、新明パパこと新明力《ちから》さんが「クルーはおバカなんかじゃあないぞ。ただ、〈盲導犬大学〉をうまく卒業できなかっただけだものな」と言います。

やっと少し落ち着いたクルーに、「そういうのが後からえらーくなることもあるのだと言ってやれよ」と、頭をなでながら言うのです。するとクルーは、パパになぐさめられて勇気百倍とばかりに、また家の中をうれしそうにかけ回り始めました。

「産箱ってどういう構造になっているのですか？」

と、私は赤ちゃん犬が入っているその箱に手を触れながらたずねます。

「これは北海道盲導犬協会の繁殖ボランティアさんが考案したものなの」

と、弘子ママが説明してくださいます。

手で触るとその箱の内部に、四方八方につっかえ棒が設置されています。

「これは何のためなの？」

「ここにお母さん犬が横たわるでしょ。その時、赤ちゃん犬を体で踏みつぶさないように工夫されているのよ。おっぱいを飲み終わった赤ちゃん犬は、だいたいこの箱の隅っこに行って眠るからね」

「へー、そうすると、おっぱいを飲ませる時だけお母さん犬はここに入るのね。それは自分で決めた時間になの？」

「そこが母性本能でさ、ちゃーんと赤ちゃんのお腹がすくのがわかるのよね」

私はますます感心してしまいます。

「でも赤ちゃん犬も、いつまでもここにじーっと入っているだけじゃあないのよ。一カ月過ぎるくらいから動くから。このチビちゃんたちも、そろそろ動くでしょ？」

弘子ママの問いに、「動く動く。もう、危なくて危なくて」と、歌うような新明ママの声が重なりました。

「この赤ちゃん犬たちは、みんな名前がついているのですか？」

「いやいや、北海道盲導犬協会では、パピーさんのところに引き継がれてから名前をつけられるから、この子たちはまだ名無しなんです。だから首に色の毛糸をかけて、ほらこういうふうに毛並みに毛糸と同じ色のマニュキュアをちょっと塗って、色分けで見分けているのですよ。黄色の子はきいちゃん、緑色の子はみどちゃん、そしてオレンジ色の子はみかんちゃん、なーんてね」

まだお勤めから帰ってきたばかりという雰囲気の新明パパが、説明をしてくださいました。

「へー、なるほどね。これならどの子がどの子なのか、何頭いても見分けられますものね」

すでに産箱から飛び出して、部屋の中をちょこちょこ歩き回るという子犬たちの頭を、私は微笑みながらなでてあげました。そして思います。

最初の繁殖犬のジュリママが一回の出産で九頭の赤ちゃん犬を生んだと、弘子ママが言ったけれど……。こんな赤ちゃん犬がそんなにたくさんいたら、まあそれは、さぞさぞ大変なことだろうなーと。

「繁殖ボランティアって、本当に大変な仕事なのですねー。お世話する人間の方も、毎日が健康でなければ、とてもつとまりませんよね」

思わず私の口からそんな質問が飛び出してしまいました。

「赤ちゃん犬のいるあいだは、とにかく緊張の連続。疲れたとか体のどこかが痛いとか言っていられないから、そんなこと始めから思わないわね」

弘子ママと新明ママは口をそろえて、こともなげに答えてくださいました。


麻紀子さんの運転する車に送ってもらって、一一月の北の大地の雰囲気を楽しみながら、私たちは千歳空港への昼下がりのドライブです。

スチュワーデスの誘導に従って、千歳発・羽田行きの座席に腰を下ろし、私はペリラを足元にダウンさせると、シートベルトを腰に巻きつけました。

やがて機体がユラユラと動き始めると助走に入り、それが一段と加速を加えたと思ったら、フワーッと空中を遊泳している感触が座席に座っている私の全身を包みました。

足元のペリラが、（あれー？）というように顔を持ち上げて私を見つめています。

ペリラは何回飛行機に乗っても、この離陸の瞬間と着陸の瞬間がどうもニガテなようです。

「だいじょうぶ、だいじょうぶよ」

と言ってあげると、落ち着いたらしく、また顔をうずめて眠りのポーズに入りました。

私たちを乗せた飛行機はグングン上昇すると、やがて無事に夕焼け雲が立ち込み始めた大空で水平飛行体勢に入ったらしく、シートベルトを外してもだいじょうぶのアナウンスが機内に流れました。

その時、何となく私は、飛行場に向かう車の中で弘子ママが言った言葉を思い出しました。

「ななえさん、繁殖ボランティアって大変だけれど、それだけに毎回ものすごい感動をもらうことができるのさ。赤ちゃん犬の誕生って、それはすごいドラマだよ。生まれてきたばかりの赤ちゃん犬をこの手で抱えた時の、あの何ともいえない気持ち。それは毎回、いつでも胸にズシリとくる感動だよ。生まれてきてよかったねって、ありがとうって、思わず一頭ずつに言っているものね」

——その時です。

どうしたことなのでしょうか唐突に、あまりに唐突に、母が亡くなっていったあの時のことが私の記憶によみがえってきました。

平成一二年一〇月、金木犀《きんもくせい》の花が香るころのことでした。

老人サナトリュームで生活していた母は少しずつ容態が悪くなってゆき、その年の夏には意識混濁《こんだく》に陥《おちい》っていました。

前夜、弟からの「危篤《きとく》。あとは時間の問題だと医者は言っている」という知らせで、朝早い新幹線に飛び乗って、私と姉は老人サナトリュームにかけつけました。

いつもの部屋とは違う、廊下の奥まった個室のベッドに、昏睡《こんすい》状態の母は眠っていました。

昨夜からつきそっている弟夫婦が「ずーっとこんなふうに眠っていて、まったくこちらからの呼びかけには反応がないんだよ」と言います。

「お母さん。お母さん」

と、ベッドの脇から姉と私がかわるがわる呼びますと、どうしたことでしょうか、深い眠りから覚めたように、母がポッカリとまぶたをあけたのです。

そしてベッドの周りにいる私たちを見つめているのです。

担当医の先生は「すでに脳の構造に崩壊《ほうかい》をきたしていますので、まったく見えていませんし、意識もまったくありません」と説明してくれるのですが……。

医学的にはそうなのでしょうが、しかし傍らで見ている私たちには「お母さん見えるの？みんなが見えているの？」と言いたいほどの表情なのです。

もっと驚いたことに、その母がニッコリ微笑みをうかべたのです。

「良い人生だったよ。ありがとう。さよならだけれど、またね」

それはまるで、私たちに別れを告げているような微笑でした。

そして、やがて母のまぶたが閉じられたと思ったら、医師の「ご臨終《りんじゅう》です」という言葉が耳に入ってきました。

命ってすごい。そして、生きるって素晴《すば》らしいことだわ。

私は見えない目でその雲海の窓を眺めながら、しみじみとした思いにとらわれていました。

誰もがこの世に誕生して、生きて、そしてやがて命を閉じてゆく。この繰り返しだけれど……。

人間も犬もみんな、それぞれの意志を持って、その限りある命を精いっぱい生きて生きて、そして閉じてゆく。

生きるって、やっぱりすごいなー。そして生きてゆくって、やっぱり素晴らしいことなんだわ、と。

6章　いつまでも一緒

今日を生き、明日に命を伝える日々

「母さん、駅前に新しいイタリアンレストランが開店したの知ってる?」

幹太が朝起きてきて、台所にいる私にこんなことを言いました。

「ううん、知らなかったわ。それってどこに?」

最近駅前に大きなマンションがいくつも建って、街並みが急変してしまいました。なじみのお店が閉店してしまったり、移転したりして、私の頭の中の記憶の地図もめまぐるしく描《か》き直さなければならなくなっていました。

それで新たな情報をインプットしなければと思っていたところだったので、たずね返しました。

「うーんと、ちょっと口では説明しにくいなー。行ってみればすぐにわかるさ。母さん、今夜の夕食を食べに行ってみる？」

常に金欠病でピーピー状態に苦しむ幹太ですから、お母さんの私を誘い出そうとする魂胆《こんたん》は見え見えですが、一応それに乗ることにして「いいよ」と答えたのです。

そしてその日の夕方、私たち家族は駅近くのイタリアンレストランに出かけていったのです。

ところがテーブルが満席だということで、順番待ちのために待合コーナーでしばらくの時を過ごすことになりました。

「お待たせいたしました。次のお客様どうぞ」

ああ、やれやれというように、階段近くの待合コーナーのベンチから私は腰を上げました。隣に腰を下ろしていた幹太も立ち上がり、そして私の足元にダウンしていたペリラも立ち上がります。

ところがそんな私たち家族の姿を見るや、ドアのところに立っていたお店の人が、「ちょっとお待ちください……」と、とまどったように言うのです。

「あの、犬ですか？　犬はねー……」

最後の方は、モゴモゴとはっきりしない言葉でした。

「犬っていったって、盲導犬なのですが……。ダメなのですか？」

いつものことなので、私はすぐにたずねかえしました。

「ああ、盲導犬ですよねー」

と、ドアのところに立っているお店の人は言うと、後ろを振り返って何か小声でひとこと、ふたこと言っているようでした。

そしてやがて前を向くと申しわけなさそうに言うのです。

「やはり犬は困るのです。お店もにぎわっていますし、ほかのお客様にご迷惑をおかけするようなことがあっては困りますので」

不安そうに私を見上げているペリラの視線を受け止めながら、私は毅然《きぜん》と言い返します。

「でも盲導犬が足元にダウンしていたら、それもテーブルの下ですもの、何もほかのお客さんに迷惑なんてないと思うんだけれど……」

かつて何回こんなことをあちらこちらで言い続けてきただろうかと思いながら、私の口からスラスラと言葉が出てゆきます。

「ええ、盲導犬さんってことはわかるのですが……。それがちょっとね、待っていてください。今、店長が本部へ問い合わせると言っていますから」

「そうですか、それなら問い合わせてみてください。待っていますから」という言葉を置いて、私たちはすごすごとまたベンチの人となりました。

そして「では、次のお客様どうぞ!」と、次の家族連れの方へ元気な声がかけられました。

それもいつものことだったので、私も、幹太も、そしてペリラも、ただぼんやりとその様子を眺めていました。

ところが、ドアのところでひとかたまりになっているその家族が、なかなかお店の中に入ってゆこうとしません。

いつもと、どうも様子が違うようです。

ドアのところで店員さんに何かを言っています。

「それが今、店長が問い合わせをしているものですから……。こちらだけの判断ではどうにもならないらしいのです」

ちょっとあわてたお店の人の声が、ベンチにいる私のところまで聞こえてきました。

どうやら私たちの次に順番が回ってきた家族が「盲導犬を入店拒否するなんて、おかしいんじゃないの？」と抗議してくれているようなのです。

「盲導犬をお店に入れるなんて、あたりまえのことなのに。法律でだって決められているのでしょう？　本部に問い合わせなければ入れられないなんて、お店の考え方がおかしいんじゃないの？」

お母さんらしい女の人の、ちょっと甲高い声です。

「はあはあ、そうなのですが、それがそうもいかなくて……。申しわけありません」

気の毒なほどあわてているお店の人の声です。

私は何だかつい笑ってしまいそうになって、あわててうつむくように下を向いてしまいました。

平成一四年、日本の国では〈身体障害者補助犬法〉が国会を通過して、法律として成立しりました。そして一年の検討期間があって、平成一五年にその法律は完全施行ということになりました。

〈障害者補助犬〉とは、私たち目の不自由な者と生活する盲導犬、車椅子生活者とともに暮らす介助犬、そして聴力に問題のある人と生活をともにする聴導犬のことです。

その犬たちを何の理由なくして受け入れを拒否してはならないと、法律で存在が認められるようになったのです。

私が最初の盲導犬ベルナと東京の下町で生活し始めたほぼ二四年前、昭和五六年のころには、すでに日本の国で盲導犬は二〇年の歴史を持っていました。

しかしそれにもかかわらず、社会の中で、街の中で受け入れてもらうためには、かなりの努力を必要としていました。

ベルナとともに出先の街で喫茶店に立ち寄ってコーヒー一杯を飲むためにも、あっちこっちで交渉して、何とか盲導犬を受け入れてくれるお店を探さなければなりませんでした。

ハーネスを装着したベルナとともに、どこへ行っても「犬はダメ」というひとことで拒否されてしまったあのころのことを思えば、法律で守られるなどということは夢のようでした。

法制化されるとともに、たくさんのマスコミが補助犬たちの生活を題材に番組を放映してくださったおかげで、社会の中で、誰の心にもその存在がグーンと身近なものになってくれました。

以前は、盲導犬を認めて、そして受け入れてもらうためには、あらゆる場面で自分自身が声高《こわだか》に主張しなければなりませんでした。

しかし今は、法律で守られるとともに、このイタリアンレストランでの出来事のように、周りの人たちが共に盲導犬の存在を守ってくれるのです。

このひとつの出来事以来、「ああ、時代が変わったのだ」と私は実感することができました。

しかし、情報がたくさん露出するということで、心のデリケートな部分まで土足でドタドタと踏み込まれてしまうこともあります。

たとえばこんなことがありました。

朝から出かけていた私とペリラは用件をすませて、山手線に乗ってもどってきました。

秋葉原《あきはばら》で総武線に乗り換えるために、ホームで電車の来るのを待っていたのです。

夕方の帰宅ラッシュにはまだ少し間がある午後のひととき、一日の中で一番電車の本数が少ない時間帯です。

ホームの上にはのんびりした空気が漂っていて、電車を待つ人たちの談笑が聞こえていました。

すると、「あら、盲導犬よ」という中年の女性の声が、私とペリラの立つ場所のすぐ近くでしました。

「何頭もの犬から選ばれて盲導犬になるんですって。だからみんなおりこうさんな犬なのよね」

「このあいだテレビでやっていたけれど、すごい訓練をするらしいのよね」

ちょうど私くらいの年齢の数人の女性グループなのでしょうか。先ほどまで友達のウワサ話に花を咲かせていたようでしたが、そのウワサ話にもあきたころだったのでしょうか、ペリラを眺めているこのグループの話題は自然に盲導犬のことに移ってゆきました。

「でも盲導犬ってあまり長生きしないのですってね。ペット犬に比べて寿命は、うーんと短いってことよ。やっぱり目の見えない人のお世話って、犬にとってかなりのストレスなんだわね」

「それよりも、盲導犬の数がずいぶん足りないっていうじゃあないの」

「そうそう、そう言っているわね。増やすためにはずいぶんなお金が必要らしいわよ」

少し離れた場所で電車が来るのを待ちながら、私は聞くともなく、そのおしゃべりに耳を傾けていました。

「あのー、このワンちゃん、年齢はいくつくらいなのですか?」

グループの中から、そんな声が私にかけられました。

「一〇歳です」

おばさん年齢でいながら、おばさんおしゃべりのあまり好きではない私です。それで、言葉少なく答えました。

「あらー、もうかなりな年齢の盲導犬さんなのですね。それなら、もうそろそろリタイアですね」

私は左側にシットの姿勢で聞き耳をたてている気配のペリラの様子を意識しながら、その体に手を触れさせました。

そしてその問いかけには黙っていることにしました。

「そうそう、盲導犬ってある年齢を越えたら引退させなければならないのですってね。テレビでそのさよならのところをやっていたけれど、見ていて泣いちゃったわ」

私の代わりに答えてくれる声があって、周りで何人かの人たちのうなずく雰囲気が、離れている私にも伝わってきました。

そのグループの中から足音が近づいてきて、私とペリラのすぐ近くで止まりました。

「そうね、このワンちゃん、やっぱり一〇歳だわ。だって、年寄り顔だもの」

小腰をかがめてペリラを覗きこんでいるのでしょうか、その女性の声は私の腰の下のあたりから聞こえてきました。

「あなたやめなさいよ。ワンちゃんが情けなさそうな顔をしているわ」

と言ったのは、クスクス笑う声でした。

「このワンちゃんは、いつリタイアなのですか？　別れはやはり悲しいですよね。どこへリタイアさせるかは、やはりあなたが決めるのですか？」

小腰をかがめたままの女性が私にたずねます。

家族として一緒に生活してきたものとの別れのせつなさを、リタイアさせると決断することの重さを、この人はわかっているのだろうか……。そしてそういうことをわかった上で、なおもこういうことを私にたずねるのだろうか……。

私とペリラを見つめているいくつかの視線を意識するとともに、私はだんだん、むなしさでいっぱいになり、いたたまれない気持ちになってきました。

ホームの上で私たちの周りだけ一瞬時間が止まったような感覚がして、心の中で、とまどいから不愉快に、そして悲しみへと、自分自身の感情が変化してゆくのがわかりました。

「さあ、どうなのでしょうか。そういうことって、あまり話題にしたくないことですよね」

波立つ気持ちを抑えるために、私はペリラの頭をなでました。

腰をかがめてペリラの顔を覗き込んだままの人が不思議そうな面持ちで、そんな私を見上げているようです。

私は本当は、ここで何に自分の気持ちが傷つけられたのかを、そしてどうしてここで話題にしたくないと言うのかを、この人に説明した方がいいのではないかと思いました。

このままでは本当のところを理解されないで、この人の心にただ「目の見えない人って頑ななのね」という思いだけが残るのではないかしらと考えたのです。

そう思いながらも、そうすることさえ、むなしさを増すだけなのではないかという気持ちにもなったのです。

私は、シットしているペリラのハーネスを握ると「さあ行くよ」と声をかけて、ホームを少し移動しました。


平成七年一一月、三週間の共同訓練を受けて、ペリラは私の三頭目の盲導犬になりました。

一歳三カ月のまだ幼さの残る年齢で、体もベルナやガーランドに比べて、とても小柄な体型でした。

そしてクリクリとした目と赤味がかった鼻がとても印象的なかわいらしい子でした。

中学一年生の幹太と私の生活の中では、前年平成六年のベルナと夫の死、そして平成七年秋のガーランドの死という悲しい別れを乗り越えた直後のペリラとの出会いでした。

穏やかな生活を、ささやかな幸せの日々を、私の心も幹太の心も渇望《かつぼう》していました。

だからペリラのけなげなかわいらしさはとても好もしく、すぐに私たちの心は寄り添うことができましたし、家族としての暮らしが順調にスタートしました。

そしてペリラをまじえての日々がほぼ九年。私たち家族のあいだにはこの間、何のトラブルらしいものも起こらずに、本当に望むような日々を過ごすことができました。

幹太には中学生から高校生、そして自分の夢を追い続けて生きる現在の青年の日々があるように、妹のペリラにも九年の日々は過ぎてゆきました。

二〇キログラムをちょっと欠けるほどの小柄だったペリラも、すっかり中年おばさん犬の体型になってしまい、体重も二三キログラムと、ダイエットをしなければならないほどに太ってしまいました。

そしてまだ幼かった日々の何気ないしぐさにも、いつの間にか威風堂々《いふうどうどう》としたものが加わって、年齢も一〇歳八カ月と重ねてきました。

もうすっかり盲導犬としてはベテランですが、一日外を出歩いた夜などは、ハウスでぐっすり眠っている姿を見ることが多くなりました。

その眠りこけているようなペリラの様子を見ると、すっかり太くなってしまった寝息を耳にしていると、ああ、おばさんペリラになってしまったんだわと実感させられることも多くなっていました。

そしてペリラの何気ないその日常行動を合間合間に観察してみますと、年齢の重なりはあらゆる部分に、かなりはっきりと現れていることに気がつきます。

いつの間にか過ぎ去った日々の重さを思うと、愕然《がくぜん》とさせられます。

最近では異様な音には強く反応を示して、怖がるようになりました。

花火はもちろんダメですし、雷などもひどく怖がります。

犬なのに、その犬もどうもニガテなようで、お散歩中の大きな犬に出会うと、私のお尻の後ろに隠れたりして、思わず笑ってしまうことさえあります。

変化はそんな微笑ましいことだけではなく、かなり深刻なものにまで発展しつつあって、私の心を悩ませています。

それは電車の中でのペリラの強い反応の示し方です。

最初の盲導犬ベルナの晩年から始めた〈お話の会〉でしたが、ペリラと生活するようになってからは本格的に仕事として取り組むようになりました。

外出のとても多い私の生活の中で、盲導犬のペリラとは、かなりの頻度であちらこちらへ出かけていきます。

それはＪＲや私鉄、地下鉄を乗り継いでの東京近郊だったり、飛行機や新幹線でかなりの遠方へだったりします。

ペリラはけなげなほど小さな体で私とともに朝のラッシュの電車に揺られたり、乗り継ぐために人の波をかきわけてホームを歩いたりしてくれました。

私の仕事の範囲をこのように広げることができたのは、何より彼女の、たえまない盲導犬としての働きに負《お》うところが大きいのです。

ペリラは元々が乗り物が好きだったのか、どんな電車にも、あるいは車にも、いやがらないでじょうずに乗り込んでくれました。

そしていささか強行軍だなと思えるようなスケジュールも、私と共にがんばってくれていました。

ところがある年齢に達したころからですが、不思議なことに地下鉄のある線、どの地下鉄でもそうなるということではなくて、日比谷線、丸の内線、そして銀座線といった決まった路線に乗ると、なぜか落ち着かなくなってしまうようになったのです。

乗り込む時には何の抵抗もなくうまく誘導してくれるのですが、やがて乗っているうちにソワソワと落ち着きがなくなってきます。

おとなしくダウンしていたのが急に顔を上げてキョロキョロし始めたかと思うと、やがて（降りる！）と全身で訴えるのです。

出入り口のドアの方へ体をにじり寄せるように動こうとしますし、立ったり座ったりと、まったくいつものペリラとは思えないような状態になってしまいます。

あまりにもその状態が激しい時には、途中下車をして、しばらくホームで休んでからまた電車に乗り込むようにしています。

こんなふうに少し息抜きをさせてあげれば、今のところペリラの落ち着きももどってきて、先ほどのあの状態はなんだったのかなーと思うほど本来の盲導犬ペリラになって、私の足元にダウンしてくれるのですが……。

どうしてそうなってしまうのか原因もわからないのですから、今のところ確実な対処方法を持たないお母さんの私です。

ペリラの反応がもっとひどくなって、今のように決まった地下鉄だけではなくて、もっと広範囲な反応を示すようになったらどうしよう……。

とりとめもなくそんなことを考え始めたら、心配に心配が重なって、心が抜け道のない迷路に迷い込みそうになってしまいます。

足元にペリラがダウンする時、私の足に彼女の体のどこかが触れていることがとても多いのですが、触れ合うそのぬくもりを感じながら、迷路に入り込みそうな自分の心の手綱《たづな》を引き締めつつ思います。

「お母さんの私がしっかりしなければいけないのだ。自分の心をしっかり持ってコントロールしてゆかなければ……」

こうして私たちは、これからも確実にお互いの年齢を重ねて、そして共有の時を重ねてゆくのですから。

そしてこの、これから共に過ごす時間こそが、お母さんと娘のペリラの〝共に生きる〟という日々なのですから。


そんな時よみがえるひとつの思い出があります。

平成七年九月、それはガーランドのお葬式の日の夜のことでした。

その前年ベルナと夫のお葬式をたて続けにあげ、そして一年数カ月後のガーランドのあまりに早い白血病での死でした。

中学一年生の幹太と枕を並べたふとんに入ったものの、私はなかなか寝つけませんでした。急性白血病の宣告から、めまぐるしいほどに展開していったガーランドの状態を看取る日々。ほぼ一〇日間、ずーっと寝不足な毎日だったので、心も体もクタクタなはずなのですが……。

私の気持ちは、泥沼に落ち込んだような抜け道のない迷路状態でした。

ベルナの一四歳の死は、それでも彼女はあの時代を盲導犬として私と共に生きてきたのだからという納得で、そして私の妊娠と出産、幹太のお姉さんとしての日々を、彼が小学五年生の三月まで共に過ごしてくれたのだからという、お母さんの私の気持ちの納得で収めました。

その三カ月後の夫の肺ガンでの四九歳の死は、小学六年生の幹太を抱えて、これからお母さんの私が踏んばらなければならないのだという悲壮な覚悟で乗り越えました。

しかし、今度のガーランドの三歳二カ月の死は、私にはどうしても受け入れがたいものがありました。

どうして、どうして、どうして……。

どうしてこう、私のところばかりに不幸がくるのよ！

一年六カ月のあいだに重なる、この悲しい別れは何なの!?

この私がそんな罪深いことを、一体何をしたっていうの!?

そう天に向かって毒づきたいほどの気持ちでした。

涙がとめどもなくあふれて、その流れる涙さえぬぐう気持ちにはなれないほどの私でした。

泥沼の中で、ますますその深みに落ち込んでゆきそうな気持ちでした。

そんな私をわれに返したのは、「ねえ、お母さん」という幹太の声でした。

隣のふとんがモソモソと動いて、幹太が「ねえ、お母さん」と声をかけてきたのです。

私より一時間は早くふとんに入った幹太でしたので、もうすっかり夢の中だとばかり思っていました。

だから、突然声をかけられて驚いてしまった、そしてあわてて顔の涙をぬぐった私です。

「あのさ、死んだ人だってみんな生きてゆくんだよね？」

幹太の言葉を聞いて、もっと私は驚きあわててしまいました。

私にとっても、たて続いた死は受け止めがたいことでしたが、まだ幼さのある幹太の心だもの、きっと頭がおかしくなってしまったのだわと思ったのです。

「死んだ人なんて生き返るわけでもないんだもの、再び生きるなんてことはないのよ」

「ちがう、ちがうよ」

幹太はふとんの上にむっくりと起き上がって言葉を続けました。

「あのね、ベルナだって、パパだって、そしてガーランドだって、みんなボクの心に、お母さんの心に、これからだって一緒に生きてゆくでしょう？」

「そうね、きっと思い出はずっと忘れるなんてことはないわね」

「ほらね。だからさ、みんな一緒に生きてゆくってことなんだよ」

新たな涙が私のまぶたにあふれて、そして頰を濡らして流れ落ちてゆきます。

「そうだね、きっとそうだよね。みんな一緒、いつまでも一緒だよね」

大きくうなずきながら、これは中学一年生の幹太の、精いっぱいの私へのなぐさめなのだと思いました。立ち直れないほどにうちのめされてしまった私を励《はげ》ましてくれているのだと受け止めました。

そして幹太の言葉を借りて、夫が、ベルナが、そしてガーランドが、「お母さんがんばれ、がんばれ」と力づけてくれているのだとも。

そうしたら不思議な力が私の体を包み込み、そしてフワッと心と体が浮上するような感覚を覚えました。

「お母さんはだいじょうぶ。みんなの分まで力強く生きていくからね」という気持ちになったのです。

あれからほぼ一〇年。そしてこれからが盲導犬のペリラとの、お互いにいたわり合って、支えあって、心を通わせ合っての、本当に〝共に生きる〟という暮らしが始まるのだと思います。

明日のために、今日を精いっぱい生きる。そして今日を生きることによって、明日という未来へ命を伝えてゆく。

これが私たちの日々です。

そして、お母さんの私と、ペリラと、交わしあう合言葉《あいことば》はただひとつなのです。

「ペリちゃん。お母さんと、いつでも、いつまでも一緒だからね――」

あとがきにかえて

ある日のこと、朝早くから出かけていた私とペリラは、電車を乗り継いで外出先から帰ってきました。最寄り駅から乗ったバスが停留所に着いたのでステップを下りたとたん、「あれー」と思いました。

ポツリと顔に雨が当たったのです。

「ペリちゃん、雨だわ。早く帰ろう」

私も雨降りは好きではありませんが、ペリラは雨降りが大のニガテな盲導犬です。

だから、私と同じように（雨かー……）と思いながら空を見上げている様子のペリラに、そう声をかけました。

そこから大きな道路を横ぎって、あとほんの少し歩けばわが家、早足で歩けばすぐそこ、という距離なのです。

ところが、最初はポツリポツリだった雨なのに、急に雨足が激しくなって、横断歩道の信号が変わるのを待っているあいだに、あっと言う間もなく土砂降《どしゃぶ》りになってしまいました。

出かける時には晴れていたので雨支度の用意もありません。カサを持たない私たちは、すぐにズブ濡れ状態です。

「ペリちゃん、ハップアップハップアップだよ！　早く早く、歩こう！」

と、思わず私の声も迫力を増してしまいます。

ところがどうしたわけなのでしょうか、ペリラがその激しい雨の中で足を止め、そこから先はテコでも動こうとしないのです。

「どうしたの？　早く歩かないと濡れちゃうでしょう？」

そう言ってもダメ。きっと私の「早く早く」と急《せ》かせた声に、ペリラの感情が拒否反応を起こしてしまったのでしょう。前足を突っぱって〝犬の置物《おきもの》〟状態になっています。

髪の毛から顔から雨水を垂らしながら、「ああ、どうしてなの……。家はもう、すぐそこなのにー」と、私は泣きたい気持ちになってきました。

そして、かつてこんな雨の中を、赤ん坊の幹太を背負う私をかばいながら必死に歩いてくれたベルナのことを思い出しました。

あの時は、わが家の玄関にやっとたどり着いてみると、大きなバスタオルを頭からかぶせた幹太は少しも濡れずにスヤスヤ寝息をたてていて、その姿を見るや「ああ、ベルナありがとう!」と、思わずビショ濡れの私がビショ濡れのベルナの体を、しっかり抱きしめたわね……と。

そしてまた、激しい風雨の朝の道で、私を仕事場ではなく公園の中へ連れて行ってしまったガーランドのことを。

あの時の、腹立たしさとせつなさとで泣きたくなった気持ちも、鮮やかに思い出しました。

〝しっぽのある娘たち〟と生活するようになって、ほぼ二五年になります。

振り返ればどの思い出の中にも、最初の盲導犬ベルナのしっかり者だった姿が、やんちゃで意地っぱりだった二番目のガーランドのおちゃめな顔が、そしてかわいらしいけれど頑固者の三番目の盲導犬ペリラのクリクリした目があります。

「ペリちゃん、ほーら見てごらんなさい。お母さんも、ペリちゃんも、こんなに濡れちゃって大変でしょう。だからね、早く帰っておいしいごんごを食べようよ」

私はそのビッショリ濡れてしまったペリラの頭をなでてあげながら、ついに説得のために食いしん坊ペリラの最大のアキレス腱である「ごんご（ごはん）」という言葉を持ち出しました。

すると、「あれまあ」と思うほどペリラのごきげんはスルリスルリと直って、〝置物ワンちゃん〟から再度〝盲導犬ペリラ〟に大変身です。

（お母さん、早く帰ろうねー）とばかり軽やかな足取りで、アパートの階段はピョンピョンとかけ上がってゆきます。

「この現金なやつめ」と思いながら、それでもこの局面を切り抜けた満足感でホッとしながら、「さあさあ、ゆこうねー」などといそいそ声をかけているお母さんの私です。

（ごはんだごはんだ、お母さんごはんまだなのー）と、一日一回の最大お楽しみタイムの待ち遠しいペリラの体を押さえつけて、濡れた体を大きなタオルでまず拭いてあげます。

それからペリラの食器を取り出して食事の準備です。

いつものようにグアグアとペリラが勢い良く食べ始めたのを見届けてから、ガスレンジにやかんをかけて、それからやっとズブ濡れの自分の着替えに取りかかります。

濡れた髪の毛をタオルで拭いてから熱いコーヒーを飲み始め、やっとひと息ついた私は、「日ごとに頑固さが増してきたペリラも、もうすぐ一一歳だなー」と思いました。

（いやだ、いやだよー）と言っている時には、きっとあのクリクリおめめの真ん中に、気難しいタテじわを作っているんだろうなーと、熱いコーヒーを口に含んで想像すると、何だかおもしろくて噴き出しそうになってしまいます。

そんな私の傍らにトコトコトコとかわいらしい足音が近づいてきて、（お母さん、おいしかったよー）と、すっかりごきげんなペリラはお腹をふくらませての報告です。

「うんうんペリちゃん、今日も一日ごくろうさまだったね」とその頭をなでてあげれば、満足そうに「フーン」と、返事ともつかないため息をつきます。

それでお母さんの私はますますおかしくて笑ってしまうのですが、こんなひとときが今の私にとって、「一番幸せだな」と思える時間なのです。

年齢を重ねてきたペリラとともに「リタイア」をテーマにたくさんの人たちを訪ね始めた

のは、一昨年、平成一五年の初夏のころからだったでしょうか。

そのつど、みなさんのあふれるような思いを聞かせていただき、私の心のポケットは、あちらもこちらも、その思いといただいた言葉ですっかり満たされてしまいました。

本文には記述することはできませんでしたが、かつて新潟のKさんと一緒に生活していた盲導犬のシェルは、犬ニガテペリラの数少ない仲良しのお友達でした。そのシェルの北海道のリタイア先におじゃまさせていただき、数頭のペット犬と暮らしている彼女の姿を見て、「生きるって本当にけなげなものだわ」と熱い思いとともに受け止めました。

それと同時に、相変わらずマイペースなシェルのユーモラスな日々を、新しいお母さんの横田喜和子《きわこ》さんからお聞きして、「さすが、やっぱりシェルちゃんだわね」と思わず笑ってしまいました。

シェルは、ほんのちょっぴりのお留守番も大嫌い、自分のお散歩には大喜びで出かけるのに、ほかの犬のお散歩には（どうしてわたしを置いていくのよー！）と抗議の吠え声を高らかに「ワンワンワーン！」と誰はばかることなく上げるのだそうです。

それに、お散歩に出ても途中でどこかに立ち寄るということができないのが今のシェルの特徴で、横田ママがスーパーマーケットや銀行の外で「ちょっとここで待っていてね」と言っても、（わたしも、わたしも一緒よー！）とばかりに、「ワンワンワーン！」と吠え声をたてると言うことでした。

でも、傍らのシェルの頭をなでてあげながら、横田ママは優しく言うのです。

「だってシェルは、銀行だってスーパーマーケットだって、このあいだまでは入っていたんだものね。『ペット犬になったんだから、もう入れないんだよ』なんて理屈は、わからないよね……」と。

シェルはそのママのすぐ横で、年齢を感じさせない立派なシットの姿勢を保ちながら、「うんうん」とうなずくように真剣な面持ちで、その話を聞いているのでした。

横田ママとシェルの〝親子〟の会話を見聞きしながら、私はしみじみと思います。

「リタイアはそれを体験する人間も、犬も、新たなる発見、そして新たなる確認、また新たなる出発なのだわ」と。

平成一六年の秋、私とペリラは東京駅から新幹線〈のぞみ〉に乗って京都に向かいました。

そこで、長年私の〈お話の会〉を応援してくださっている奈良のSさんと待ち合わせをして、私たちは龍谷大学・瀬田キャンパスで開かれている〈全国ボランティアフェスティバル〉に出かけたのです。

この催しは毎年各県持ち回りで開かれているのだということですが、ここに長年盲導犬ボランティアをしている滋賀の伊藤雄《たけし》さんが写真展を開いていて、そこを私たちは訪れたのです。

伊藤さんは犬の誕生からたずさわり、その成長をパピーウォーカーとして見守り、盲導犬をリタイアしたかつてのわが子を引き取り、最後の看取りをするという生活スタイルを長年にわたって続けて、その記録を写真に撮っている人なのです。

写真展の会場に入ってゆくと、「いよー、いらっしゃい」と声をかけてくださったのは、古武士のような伊藤さんの最大級の歓迎なのだわと、私もSさんもにこやかに受け止めました。

一枚一枚の写真の前でその犬の思い出を朴訥《ぼくとつ》に語るその語調に、しみじみとした伊藤さんの人間味あふれる暖かさがあって、「ああ、こういう人たちに囲まれて、一頭一頭の犬たちの盲導犬としてのドラマが生まれ、そして私たち人間とのドラマが生まれるのだわ」と思いました。

情熱は継続が伴《ともな》わなければその力を発揮することができないということは、今回のテーマで取材を重ねた私が痛感したことです。

一時の思いつきや、思いきりの良い行動は、それだけでは力にはなりません。たゆまぬ努力の積み重ねがあってこその、ひとつの〝想《おも》い〟の結実なのです。

〝想いは必ず結実する〟というのが私の信念ですが、それもやはり、継続があればこその力なのです。

一頭の犬が、赤ちゃん犬から子犬になって、それが盲導犬として成長してゆく、そこにもドラマがありますが、その犬が年齢を重ねたところにこそ、より大きなドラマが生まれるのだということです。

そういう意味では、まもなく一一歳を迎えるペリラとの日々は私とペリラの新たなる挑戦であり、それだからこそ〝共に生きる〟という日々なのだと考えます。

「さあペリちゃん、今日も元気にゆこうね」

と、声をかければ、愛くるしい瞳が私に向けられます。

（うん、お母さん、だいじょうぶよ）と言うかのように。

そして今日も、私とペリラのそんな一日が始まるのです――。


「リタイア」、このテーマで取材をするという企画が立ち上がったのは平成一五年のことでした。そしてこの原稿は、平成一六年の夏には一冊の本になる予定だったのですが……。

生きるということは思いがけないトラブルに見舞われることもあるものです。その平成一六年の私は、予想もしなかったある事件に巻き込まれて、にっちもさっちも立ちゆかない状態に陥ってしまいました。

そして、本書の冒頭に書きましたように、ペリラと夕暮れの街を歩きながら赤信号で飛び出してしまって、あわや車にひかれそうになってしまいました。

盲導犬と生活するようになってほぼ二五年、目の見えない自分になってからでも三三年の日々を重ねてきましたが、今だかつてこんな経験をしたことは一度もありませんでした。

その諸々のアクシデントから立ち直って本来の私の生活をとりもどすことができたのも、

有形無形にたくさんの皆様からの励ましがあったからこそと、心より感謝いたしております。

一冊の本になかなかまとめられない私を暖かく見守ってくださった取材ご協力者の皆様に、一枚の原稿も書けずにいた私を励ましてくださった編集者Kさんに、そして苦情も言わずに待ってくださったハート出版の皆様に、厚くお礼を申し上げて、この本を感謝とともに捧げます。

走り梅雨の始まった日に。

郡司ななえ

◇著者◇
郡司ななえ Nanae Gunji
新潟県高田市（現・上越市）生まれ。27歳のときにベーチェット病で失明。幼いころに犬から襲われ犬ぎらいになるが、盲導犬とパートナーを組んで子育てをしようと決意。以後、これまで3頭の盲導犬と暮らし続ける。日本文藝家協会会員。おもな作品に、童話版「盲導犬ベルナ」シリーズ全3巻、「えほん盲導犬ベルナ」シリーズ全5巻（ハート出版）、「ベルナのしっぽ」（角川文庫、ナナ・コーポレート・コミュニケーション）、「ガーランドのなみだ」「見えなくても…私」（角川文庫）、「そしてベルナは星になった」（ナナ・コーポレート・コミュニケーション）、「私らしく生きたい」（アールズ出版）などがある。
http://www3.ocn.ne.jp/~perira/

EYE LOVE EYE
営利を目的とする場合を除き、視覚障碍その他の理由で活字のままでこの本を読めない人達の利用を目的に、「録音図書」「拡大写本」「テキストデータ」へ複製することを認めます。製作後には著作権者または出版社までご報告ください。

協力：財団法人 アイメイト協会、財団法人 北海道盲導犬協会、財団法人 日本盲導犬協会

カバーイラスト：日高康志
http://www.k2.dion.ne.jp/~a-kokoro/

リタイア　盲導犬の老いを見つめて

平成17年7月7日　第1刷発行

著　者　郡司ななえ
装　幀　日比野智代（デザイン スタジオ・ブルーベリー）
発行者　日高裕明
発　行　株式会社ハート出版
〒171-0014 東京都豊島区池袋3-9-23
TEL03-3590-6077 FAX03-3590-6078
ハート出版ホームページ http://www.810.co.jp

乱丁、落丁はお取り替えします。その他お気づきの点がございましたら、お知らせください。
©2005 Nanae Gunji　Printed in Japan
ISBN4-89295-518-3
印刷・製本 中央精版印刷株式会社